自も他も生かす人生

あなたの悩みを解決する「心」と「知性」の磨き方

Ryuho Okawa
大川隆法

自も他も生かす人生　目次

第1章　中道《ちゅうどう》に入《はい》る易《やさ》しい考え方

——あなたと周りを幸福にするために——

二〇二一年五月五日　説法《せっぽう》
幸福の科学 特別説法堂にて

4　自分を磨《みが》くことが、他の人の幸福につながる生き方とは　75

第2章　実務的知性と宗教的知性

――合理性と神秘性を両立させる生き方とは――

二〇二一年五月七日　説法

幸福の科学　特別説法堂にて

3

「仕事」と「プライベート」を両立させるためには 114

第3章　光明《こうみょう》思想と泥中《でいちゅう》の花

――真に成功するための「心の力」の使い方――

二〇二一年十月八日　説法

幸福の科学　特別説法堂にて

本書には、幸福の科学・大川隆法総裁が特別説法堂《せっぽうどう》で二〇二一年五月五日に説かれた「中道《ちゅうどう》に入《はい》る易《やさ》しい考え方」、同年五月七日に説かれた「実務的知性と宗教的知性」、および同年十月八日に説かれた「光明《こうみょう》思想と泥中《でいちゅう》の花」が収録されています。

第1章

中道《ちゅうどう》に入《はい》る易《やさ》しい考え方

――あなたと周りを幸福にするために――

二〇二一年五月五日　説法《せっぽう》

幸福の科学　特別説法堂にて

1 「自分にとっての中道《ちゅうどう》とは何か」を考える

心の修行《しゅぎょう》として見ると、「標準値」や「平均」が中道とは言えない

今日は「中道《ちゅうどう》」に関する話なのですが、幸福の科学には「真説《しんせつ》・八正道《はっしょうどう》」があり、八つの道が説かれています。これは、今から二千五、六百年前の釈尊《しゃくそん》の時代に釈尊自身が説いたことを現代的に言い換《か》えているものです。

この「八正道に入《はい》る」というのが悟《さと》りを求める道でもあるのですけれども、「八正道に入ることが、すなわち中道に入ることだ」というふうに一般《いっぱん》に理解されています。だから、中道とは何かといえば、「八正道に入る」ということではあるわけです。

ただ、八正道には少し難しいところはあります。現代人にとっては難しいでしょうか。当会の精舎《しょうじゃ》で研修をしても、そう簡単には、八つの道を究《きわ》めるのは難しいかなと思うところがあるのです。

そういうところもあるので、もうちょっと簡単な言葉で、現代人が生きていく間に考えること、感じること等を、「こういうふうに見るんですよ」ということを、何かお話しできれば幸いかなというふうに思っております。

現代の特徴《とくちょう》として、特に医学を見てもそうですけれども、だいたい、標準値を見て、そこからどれくらい離《はな》れているかを見て、離れすぎているものには〝赤マーク〟が出て、「ここに異常性がある。病気の可能性がある」という感じで見るものがあります。血液検査などをしても、だいたい、そんな感じでしょうか。

それ以外に、学校の成績でも、そういうふうに見る傾向《けいこう》はあります。「平均がこのへんで、これから見ると、あなたの成績はこういう感じで分布している」というような見方をするので、みなさんもその考え方には慣れていると思います。だから、「その平均が中道なのかな」と思う人もいるかもしれません。

それは、ある意味ではそうなのかもしれないと思いますけれども、「心の修行《しゅぎょう》」として見た場合には、人それぞれ、性格とか、考え方とか、家での生活の事情とか、家族構成とか、職業とか、いろいろなもので違《ちが》いがありますから、誰《だれ》でも一《いっ》緒《しょ》にはならないのです。

例えば、朝が早い職業に就《つ》いている方もいます。豆腐《とうふ》屋さんもそうだし、パン屋さんでもそうですけれども、みんながまだぐっすり眠《ねむ》っているころ、夜中の三時か遅《おそ》くても四時ぐらいには起きて仕込《しこ》みにかからないと、朝から売れません。だから、その時間帯には起きています。

今はどうか知りませんけれども、お寺での修行をやっている人も、一般的にけっこう三時、四時ぐらいから起きて、朝の修行に入っていることが伝統的には多かったと思います。

昔、テレビカメラが入って撮《と》った禅寺《ぜんでら》の光景を観《み》たことがあります。朝三時起きで、朝ご飯《はん》より前にもう禅定《ぜんじょう》をやっているわけですが、大半の人がこっくりこっくりし始めるので、これを警策《きょうさく》でパシッパシッと打って起こすのが仕事でした。

やや無理はしているのかなとは思うのです。夜もそんなに早く寝《ね》られるわけでもないので、睡眠《すいみん》が足りないのかなというふうに思います。

そういうふうに、仕事とか立場によって、普通《ふつう》とは違う時間帯に行動する方もいると思うのです。

サラリーマンの方でしたら、会社に着く時間が九時なら九時とすると、これを一時間早めようとすれば、けっこう無理は来ると思うのです。朝起きるときに眠いし、夜早く寝ようとしても、なかなか寝られないこともあります。

そういうこともあるので、「標準に合わせてできるかどうか」と言われても、職業によっては無理をしてでもやらなくてはいけないものもあるけれども、できないものもあるかなというふうに思います。

何かで突出《とっしゅつ》したところがあると、別のところはえぐれているもの

江戸《えど》時代の人でしたら、バスも電車もなく、新幹線も当然ないから、東海道を歩いていかなくてはいけなかったわけですが、「江戸から大坂まで歩いていってって帰ってくる」というのを現代人に「やれ」と言ったら、どうでしょうか。これはオリンピックの競歩の選手とかでしたらやるでしょうけれども、普通のサラリーマンあたりにこれをやれと言ったら、「人殺し！」と言われそうな感じです。「何百キロも歩けるものか」と言われると思います。

一方、自衛隊に行けば、特殊《とくしゅ》部隊のような人たちは、「何十キロもの荷物を背中に背負って、千葉の山奥《やまおく》にパラシュートで降り、そこから一週間サバイバルを

し、目的地まで辿《たど》り着く」というような訓練をやっています。

だいたい、四十キロとか六十キロとかいうような荷物を背負って歩くことすら、ままなりませんけれども、さらに「サバイバルをしろ」と、要するに「蛇《へび》でもトカゲでも捕《つか》まえて食べながら、生きて目的地まで行け」というようなことを言われたら、それは普通ではないでしょう。

でも、そういう選び抜《ぬ》かれた体力の方もいることはいます。

前にも言ったことはあるのですけれども、実は、最初の初代の専任で私の運転手をやってくれた方は、自衛隊の空挺《くうてい》部隊から転職してきた方で、体力がすごかったらしく、そういう訓練を現実にやっていたようなのです。

体力測定では項目《こうもく》がいろいろあるのだけれども、空挺部隊は五百点満点で四百八十点以上ないといけないそうです。それは、空中から降りて敵に攻撃《こうげき》をかけるものです。

例えば、犯人が人質《ひとじち》を捕まえて立て籠《こ》もっているとか、このような所に、夜陰《やいん》に乗じてパラシュートで降りていき、なかで戦って人質を解放したりするようなこともできるし、山のなかで一週間サバイバルでき、沼《ぬま》の水を飲み、川に潜《もぐ》り、山を越《こ》えたりできる体力を持っているわけです。

そういう方に運転手で最初何年かやってもらいましたが、「当会での収入は少ない。結婚《けっこん》して、そのあと家族を養うとなると、給料が足りない」ということで、宅急便のようなところに転職しました。

当会の給料は当時はまだ月に十何万円か二十万円ぐらいしかなかったと思うのですが、「そちらに転職すると急に五十万円ぐらいになる。体力がそれだけあるので、高い収入のところに行ったほうが子供を養える」ということで、「あれあれ」と言ううちに結婚を決め、家庭を営《いとな》むために高給のところのほうに転職をしたのです。

ちょっと運転が乱暴だったこともあるのですけれども、ガタガタの道を走るのに慣れていたからか、そういうことをよくやる気《け》があり、逆方向に道路を逆走したりされたこともあって、私も肝《きも》が冷えたことがありました。山のなかには右も左もありませんから、本能で「こちらだ」と思うところを走るわけです。

東京ドームで講演をするときに、東京ドームの入り口を逆方向から入っていこうとして、「うん？　反対だったか」ということもありました。入り口に入れる方向から回っていくべきなのに、そんなことを気にしていないので、目的地に向かって走っていたら「反対側だった」ということで、反対の道路を走るために急にガーッとハンドルを切り、対向車線を横切って入り口に突入《とつにゅう》していったのです。

周りの運転手が怒《おこ》って怒って、「何だと思ってんだ」という感じでしたが、本人は涼《すず》しい顔をしていて、「大川隆法先生の講演会なのだから、そんなの引っ込んどれ」という感じで、平気なのです。

また、今は羽田《はねだ》空港にもうパーキングがたくさんあって、車がたくさん停まれますけれども、そのころはパーキングがあまりなかったのです。だから、「みんな電車に乗っててください」というような感じであり、車で送り迎《むか》えをする人は停められなくて、一瞬《いっしゅん》停めて、降ろして出るぐらいの感じだったのです。

それでも、羽田空港の正面玄関《げんかん》の前にある横断歩道のど真ん中に、彼は車を停めたのです。ちょっとずらしてくれれば、そんなに目立たず、みんな、「ちょっと停まって降りるだけなのだな」と思ってくれるのですが、みんなが横断歩道を渡《わた》っているそのど真ん中に停めて、〝通行止め〟をして、「先生、降りてください」と言うのです。

私は「ちょっとやりすぎではないか」とは思ったのですが、案《あん》の定《じょう》、罵声《ばせい》を浴びて、「何という所に停めるんだ」「何をやっているんだ」「何様だと思っているんだ」という声がいっぱい掛《か》かりました。「仏様だと思っていますよ」と言うわけにもいかず（苦笑）、「彼がどこに車を停めるか分からない」ということで、いつもヒヤヒヤしていたのです。

そういうことがときどきある方だったので、〝体力偏差値《へんさち》〟だけではちょっと分からないところはあります。

また、ほかの仕事もちょっと勉強してもらおうと思って、千葉のホテルに泊《と》まったときに、「車で送ってもらうだけでは足りないだろう」ということで、その方にも泊まってもらいました。翌日に講演会があったのですが、ホテルの出口での精算のところもやってもらおうと思ったのです。

ただ、見ていると、何か揉《も》めているのです。精算を待っているのだけれども、揉めていて喧嘩《けんか》になってきているから、「これは何かおかしいぞ。行かなくてはいけないのではないか」と思って、レセプション（受付）の所に行き、「何か揉めていますか」と言いました。

彼はホテルの女性と揉めていたのですけれども、男性の管理職の方か何かが来て、「そうは言ったって、お客様が『お金は先に払《はら》ってある』と言っているのだから、ちゃんと調べなくては駄目《だめ》じゃないか」と言っていました。その女性は「でも、その確認が取れない」とか言っているのに対して、「お客様が言っているのだから」と、とりあえず言っていたのです。

訊《き》いてみたら、「ホテル代金は大枠《おおわく》を前払いで払い込んであって、その差額だけを精算する」という仕事を彼に頼《たの》んだらしいのですけれども、彼は自分が払い込んではいないから、幾《いく》ら払い込んだか分からず、精算でどういうふうにするか、具体的な手続きを教えてもらっていないので、とりあえず「払ったんだ」と言っていたのです。

ところが、女性たちが不審《ふしん》がって、「あまりにも対応が不審だ」ということで、「これは無銭飲食ならぬ、無銭宿泊《しゅくはく》で逃《に》げようとしているのではないか」と疑って、〝トラブって〟いたわけです。

さすがに、男性の管理職のほうは、「お客様が『払っている』と言う以上、何かあるのではないか」と言っていたのですが、それでも、そのエビデンス（証《しょう》拠《こ》）を持っていなかったか何かだと思うのです。

それで、私たちが行って、「かくかくしかじかの者で、たぶん前払いしているのではないかと思うのですが、調べてみてくれませんか」と言って調べてもらったら、「あっ、本当だ。前払いしてあった」というようなことがありました。

彼には「精算」というのは分からなかったのだろうと思うのです。そういうこともあったりしました。

「体力偏差値が、五百点満点で四百八十点以上」というのにはすごいものがありますし、彼は「極真空手《きょくしんからて》」の有段者であって、私ではまだちょっと勝てないかもしれません。

極真空手というのは止めないで実際に殴《なぐ》ったり蹴《け》ったりやりますから、当時、現役《げんえき》だったプロレスラーのアントニオ猪木《いのき》について、「極真空手の三段だったら、アントニオ猪木でも殺せますよ」などと言っていました。彼は三段ではなく初段でしたけれども、「殺せますよ」と言っていたのです。

当時、「熊《くま》とどちらが強いか」というので、実際に実験をやっていたこともありました。アメリカの黒人で極真空手の三段の方が、北米の熊と闘《たたか》ったのです。

熊の口だけはいちおう金《かね》の猿《さる》ぐつわはつけていたようですが、「立ち上がった熊と極真空手で、どちらが強いか」をやって、「極真空手の三段が熊を蹴り殺してしまった」というようなことが実際に週刊誌とかに載《の》っていて、「おおっ、本当に強いのだ」と思いました。

熊を蹴って熊が死ぬとは思いませんので、「すごいな」と思いましたし、「人食い熊」という触《ふ》れ込みだったので、「強いのだな」と思いました。

ただ、そういう体力偏差値があってきても、ほかの仕事になってきたら、やはり、それはもう〝偏差値外〟になってしまって、そう簡単にはできないところもあるだろうとは思うのです。

人間とはそういうもので、何かで突出《とっしゅつ》したところがあると、別なところではえぐれたりするものです。

「他人《ひと》を害さない」「自分も他人《たにん》も生かすことができる」生き方とは

そういう意味で、「何もかもが標準で、十段階で言えば五ぐらいで全部が並ぶ」ということはありません。

「顔がきれいでも勉強はできない」とか、「スタイルがとてもよくても顔のほうはそこまでいかない」とか、「英語がよくできても数学はできない」とかいうことです。

また、「体育ができなくて、体育には通信簿《つうしんぼ》に1しか付かない」というような人が横綱《よこづな》になったりすることもあります。

「体重が重すぎ、大きすぎて、普通の運動がすべてできない状態」ということで、走れないのです。だから、両国国技館《りょうごくこくぎかん》の近くの関取《せきとり》たちは、だいたい走れません。歩くのが精一杯《せいいっぱい》で、五百メートルぐらい歩けたらいいほうで、走れません。

それだと体育の点数は悪いのですが、「土俵《どひょう》に上がれば強い」ということです。「重量×速度」が物理の法則では相手をすっ飛ばす力になりますので、重さは関係があります。

そういうふうに、「何かが突出していたら、何かがえぐれる」のはしかたがないので、平均だけを「中道」と思っていたら、なかなかそうはいかないところがあると思います。

だから、それぞれの人にとって、「自分の中道とは何か」ということは、いちおう考えてみる必要があるのではないかと思います。与《あた》えられている条件、自分に与えられた素質、環境《かんきょう》のなかで、「自分の中道とは何か」ということを考えるのです。

そうしてみると、分かりやすく言えば、「あなたにとっての中道とは何か」というと、「他人《ひと》を害さない生き方」「あなたのその性格、性質、能力、それから、生まれ育った環境、現在置かれた立ち位置にあって、他の人を害さないような生き方」をすることです。

それから、もう一つは、他の人を害さない生き方が、同時に〝自分を殺して〟しまってはいけないので、「自分をも生かすことができる生き方」をすることです。

だから、「自分も他人《たにん》も生かすことができる生き方とは何か」という問いに答えていくことではないかというふうに思います。

世間《せけん》の標準をいろいろ見ても同じではないので、同じようにはできません。自分の苦手《にがて》なところがすごく得意な人を見て、自分を「えぐれている」と思っても考えるだけ損だし、自分の優《すぐ》れているところが例えば会社で通じないからといって会社を恨《うら》んでも、それはちょっと居場所が違うだけかもしれませんので、それにはしかたがないところがあるでしょう。

だから、置かれた立場で、置かれた条件で、
「他人《ひと》を害さず、自分も害さない生き方をすること」。
そして、自分に残された寿命《じゅみょう》があるとすれば、
未来があるということで、その間、
「他人《たにん》を害さず、自分を害さない生き方のなかに、
自分の未来への生き筋《すじ》が見える生き方をすること」――

これが「中道に入る」ということではないかと思います。

「全国平均」とか、あるいは「全世界平均」でものを見ることも可能ですけれども、そこまでやるのはちょっと難しいので、まずは、自分の置かれた立場というものをなるべく客観的に見るようにして、「このなかで自分が他の人を害さずに生きるにはどうしたらいいか」を考え、「何か害していないかどうか」を点検するのです。

また、自分自身についても、逆に、えぐれているところとか、他人《ひと》より劣《おと》っているところとかを見て、「自己卑下《ひげ》をしすぎていないか」、あるいは「投げやりになっていないか」、こういうところも見たほうがよいのです。

そして、「自他共に生きていけるような考え方のなかで、未来をつくっていけるかどうか」「その道に未来に続く道があるかどうか」、このへんを考えていくことが大事なのではないかと思います。

2　中道《ちゅうどう》的に見て「自己イメージ」をどのように持つか

青年時代には「棘《とげ》や出っ張りのある自己イメージ」を持っていた

断定的に言っては申し訳ないのですけれども、今の若い人たちには、なかなか根気のない方も多くて、すぐ仕事を辞《や》めてしまう方も多いように聞いています。

これはいつの時代も言われているから、年を取れば、みんなそう見えるのかもしれませんけれども、できたら、「自分自身の理想像というのが、中道《ちゅうどう》的に見て『理想像』ではなく、中道から離《はな》れた『妄想《もうそう》的な自己像、自分の理想像』を求めて、無理をしていないか。それによって、自分自身を苦しめたり、ほかの人に迷《めい》惑《わく》をかけたり、ほかの人を苦しめたりしていないかどうか」、そういうところを日々、考えていただきたいのです。

これは、簡単そうで、簡単ではないのです。この「自己イメージをどのように持つか」ということは難しいのです。

昨日《きのう》の夜も、私の家内が孫と遊んでやっていました。もうすぐ三歳《さい》になりますけれども（説法《せっぽう》当時）、「隆一《りゅういち》君、かっこいいね」とほめてあげたりしていたら、隆一君のほうは、「僕《ぼく》、かっこよくないよ。『じじ』はかっこいいけど、『僕』はかっこよくない」とか言っているので、「おお、まだ三歳になる前で、そんな複雑な思考ができるのか」と思って、ちょっと感心はしたのです。「そんなことはないよ。隆一君もかっこいいよ」と言ってあげました。

「僕、かっこよくなーい」とか言っているのですけれども、それは、まだ三歳前で、自分が思うようなことができないから、そうなのでしょう。おしゃべりもするのだけれども、思ったようにしゃべれないし、ほかの人がテレビで出てくるときのようには歌もきちっとは歌えないし、運動も思うようにいかないし、本も思うように読めないから、そういう意味で、「自分はかっこよくない」とたぶん言っているのだと思うのです。

「じじも、かっこよくなかったよ」と言ったら、「いや、そんなことはない。じじはかっこいいよ」と言っているわけです。彼の見ている「じじ」は、テレビに映って何かお話をしていたり、スーツを着ていたり、お袈裟《けさ》をしてお話をしていたりして、大勢の人が「ウワーッ」と言うときもありますし、あとは本を読んだりしている姿ですので、そちらから見れば、「じじはかっこいい」と思っているのだろうと思うのです。

ただ、それは、同じ年齢《ねんれい》ではありませんから、どうしても同じようなことができないのは当たり前のことです。

こちらのほうは、自分を三歳ぐらいまで引き下ろしたら、もうちょっとかっこ悪かっただろうと思うから、「いや、君はかっこいいよ」と言っているのですけれども、向こうは分からないので、「そんなことはない」と言うのです。「今のおじいちゃんはどうか」ということで考えているわけですから、そういうふうに埋《う》まらないものです。

でも、私も、小学校時代ぐらいまでだったら、たぶん、「あなたは賢《かしこ》い」とか言われても、自分で信じることができなかったと思うし、賢いとも思えなかったし、「かっこいい」と言われても、「これは嘘《うそ》だ」と思って受け入れなかったと自分でも思いますので、なかなか難しいものです。自分をあまり簡単に見限ってはいけないのだけれども、「その時点では、やはり、そう思っていた」ということは事実でしょう。

私だったら、四つ上の兄が、ある程度、勉強もできたのですが、四学年の差というのはけっこう大きく、いつ見ても前に進んでいるようには見えたので、自分の頭が悪く感じられたところもあります。

それから、小学校の高学年になったあたりから急に体が太ってき始めたので、窓ガラスに映っている姿とかを見るにつけても、だんだん自分が嫌《いや》になってきたようなところもあったということはあるのです。勉強すると太ったりするので、もう嫌になって、何をほめられても、そんなに受け入れられない感じはあったとは思います。

だから、その時点で「中道とは何か」と言われても、ちょっと分かりかねる面はあったかと思います。

中学校に入ったあたりから、「勉強が少しできるらしい」と、まあ、小学校六年ぐらいからそういう感じは出てきたのだけれども、これも、どのへんくらいまでできるかについてはよく分からなかったところもあります。

「中・高・大」と見て、青年時代には、ちょっと働いていた時代も含《ふく》め、自己イメージとして見てみると、「素直《すなお》な自分」というのはあまり思い出すことができなくて、どちらかといえば、棘《とげ》があって出っ張りがあるように見えていました。

自分の父親（故・善川三朗名誉顧問《よしかわさぶろうめいよこもん》）も、「人は、叩《たた》かれても叩かれても出てくるようなところがないと駄目《だめ》なのだ」ということで、そういう「覇気《はき》のある人間」が好きでした。「棘のある人間になれ」というようなことをよく言っていたのもあるのですが、まあ、自分もそういう性格だったのだろうと思います。

それで、自分自身については、そういうふうな感じに見えていました。

若いころの詩を通して見えてきた、当時の意外な自己像

・大悟《たいご》以前に「心の修行《しゅぎょう》」が始まっていたことへの驚《おどろ》き

ただ、最近、詩集などが幾《いく》つか出て、驚《おどろ》いている方もいると思いますけれども、

宗務《しゅうむ》本部の金庫から昔の原稿《げんこう》等が出てきたのです。どんな巨大《きょだい》な金庫があるのか、私も見たことはないので分からないのですが、まさか銀行の本店の金庫のようなものがあるわけではないと思うのです。「そんな、探さないと出てこないような金庫があるのだろうか」と、ちょっと想像ができないのですけれども、「金庫のなかから出てきた」ということで、今は詩集になって何とか四冊出ているところです。

それを読んで活字にし、歌も今つくっているところであり、もうすぐ四冊分全部が歌になるところなのです（説法当時）。

中学校時代に書いた詩、高校時代に書いた詩、大学時代に書いた詩、それから、社会人になって独身時代に書いた

『青春詩集 愛のあとさき』（幸福の科学出版刊）

『詩集 私のパンセ』（幸福の科学出版刊）

『詩集 青春の卵』（宗教法人幸福の科学刊）

『詩集 Leftover ―青春のなごり―』（宗教法人幸福の科学刊）

詩を精読する機会があって、歌にして歌ったりもし、読むことができたわけです。

そういうものを振《ふ》り返って見てみると、自己イメージとだいぶ違《ちが》うのです。金庫から何十年かぶりに出てきただけのことはあって、この詩を忘れてはいたのですが、詩を通して見てみると、どうも心を見つめている感じでしょうか、そういうものが強く出てきているし、自分が思っていたほどあくどい人間ではないような感じが、詩を通しては見えてくるのです。かなり純粋《じゅんすい》で透明《とうめい》な心を持っていたように見えます。

しかし、「そのころは、そうは思っていなかったな」と思っています。傷つきやすくて、他人《ひと》とぶつかったり、落ち込《こ》んだり、過激な言動をやってみたり、けっこう振幅《しんぷく》は激しくて、それから、シャイだったので、けっこう恥《は》ずかしがりなところもあったりして、アップダウンはあったのです。

当時の自己イメージ的には、「理想が高くて、飛び立っていこうとし、天狗《てんぐ》のように飛び立ちたくて、バタバタ、バタバタしていたのに、その目標まで届かないで地べたに落ちてしまう。その自分が悔《くや》しくて、自分に対しても、反省するというか、『なんてつまらない人間なのだ』と自己卑下《ひげ》をしたり、あるいは他人をうらやむ気持ち等がけっこうあったりしたのかな」と思うのです。

けれども、四十年、五十年たって、そのころに書いてある詩を読んでみると――これは「発表される」と思って書いていないものですから、そのときの気持ちが素直に書いてあるのだと思うのですけれども――そういう感じがどうもしないのです。「だいぶ違うんだなあ。どうも違う」と思いました。

それから、大学に入ってからは難しい勉強もしているはずなのに、その難しい勉強の痕跡《こんせき》がほとんど詩のなかに出てこないのです。これは、いいことか悪いことか、ちょっと分かりません。普通《ふつう》は、勉強したら、難しいことを書くようになるのですけれども、「あまりそういうことを書かずに、どうも頭と心を分離《ぶんり》して考えているようなところがあるな」と思います。

「頭で学んだ勉強・知識」と、「心で感じ取ったもの」「自分が感じ取ったり、他人に感じたりしたもの」を、ちょっと別に分けているような感じがしています。ハートのほうで感じたこと、見たことを書いているように見えるのです。

そういう意味では、数十年がたって、〝詩がまだ死んでいない〟というか、〝詩が生きている〟というか、まだ今でも通じるようなものがそのなかに表れているのを見て、自分でも驚きを禁じえないところがあったのです。

「大悟《たいご》してから急に霊界《れいかい》との交流が始まって、宗教家になった」というふうに理解していた面もあったのですけれども、それ以前に書いている詩を見ても、そうとう心の透明度が高いので、これでしたら、今から見ても、たぶん、悪霊《あくれい》とかが憑《つ》けるような感じではなかろうなと思うし、「ときどきは高級霊たちがインスピレーションを降ろしていたにもかかわらず、自分はそれには気づいていなかったぐらいの感じかな」というふうに見えるところが多々ありました。

だから、「心の修行《しゅぎょう》は、もっと早いうちから始まってはいたのかな」というふうに思います。

これはちょっと驚きです。自分としては、「思っていた自分」とは自己像が違うのです。書いてあるものを見たら、違った感じで見ていて、すごく冷静な目で世界を見ているのです。

それと同時に、自分が生かされていること――「この地球のなかで、この大自然のなかで、あるいは人々のなかで生かされている自分」というものを十分に感じています。また、自分以外の人間がやはり「幸福になろう」と思って生きていることや、他の人々の心がどういうふうにそれを感じ、反応しているのかということ、また、人間だけではなく、動物とか昆虫《こんちゅう》とか植物まで、いろいろなものの気持ちが感じられていて、「同通しているのだな」ということが出ていると思ったのです。それは、別の意味でのアニミズムではないけれども、「『万象万物《ばんしょうばんぶつ》が創られたものとして生きているのだ』という感じを持っている」というのがよく出ていたのではないかというふうに思います。

だから、自己像とだいぶ違うので、「おかしいなあ。こんなはずでは……」と思うものもあります。

・相手の「輝《かがや》いているもの」を見ようとしていた青春時代の恋愛《れんあい》観

あるいは、青春時代の恋愛《れんあい》の詩とかを見ても、いわゆる〝執着《しゅうちゃく》のような恋愛〟の詩が出てこないのです。何か執着していないのです。恋愛というか、恋《こい》や愛は感じているのだと思うけれども、執着しているようには見えないので、「これは、やはり、ちょっとほかの人たちが感じる恋愛観とは違うのではないか」というふうには思います。

相手のなかに、何か自分を向上させるような理想像を見いだそうとしているのだと思うし、たぶん、今で言えば、「仏性《ぶっしょう》」とか「神性《しんしょう》」とか「神性《しんせい》」とか言うのかもしれないけれども、相手のなかにある「輝《かがや》いているもの」を見ようとしている感じがするのです。

もしかしたら、相手の女性は重荷に感じたかもしれないとは思います。ただ、〝テイク・テイク〟する感じ、取っていく感じがあまりないので、その若い時代に書いたものが、本当に〝永遠のカプセル〟のなかで、タイムカプセルに閉《と》じ込められ、時が止まっているかのように、いまだにそのまま再現される感じでしょうか。

実際にはいろいろな方ももうだいぶ年を取られ〝別人〟になっておられるだろうと思いますが、私のなかではそのままの姿でまだ残っているのです。

この前、テレビでやっていた、オフコースの小田和正《おだかずまさ》のコンサート、コロナが流行《はや》る前の大きなコンサートツアーのようなものを観《み》ていました。

言葉を聴《き》いていたら――私の学生時代などに聴いた音楽ではあったと思うのですけれども――言葉がとてもきれいでした。彼はもう七十歳を超《こ》えているのですけれども、「二十代ぐらいに見た女性の姿は、まだ心のなかにたぶん生きているのだろうな」と感じます。

歌っているのを聴いてみると、言葉が生きていますし、世代を超えて今の若い人たちも聴いて泣いているのを見て、「ああ、彼はその女性の姿をそのままで見ているのだろうな」というのは、ちょっと分かりました。「詩人の心があるのだろうな」ということです。

私は「外剛内柔《がいごうないじゅう》」と言われて、外側ではけっこう強面《こわもて》で交渉《こうしょう》するようなところもあったため誤解されるところも多かったのですが、なかは柔《やわ》らかいところもありました。それが分かってくれる人とは友達になれましたが、そのへんで、社会人として器用にバランスを取って人間関係をつくることができるようになるまでは、ちょっとギクシャクした面も多かったのです。

ただ、「こういうふうに、人間に対しては温かい目で見ていたのだな」ということはよく分かります。

・意外に天狗《てんぐ》的なところはなく、力が満ちるのを耐《た》えていた自分

それから、自分としては、「自己拡張、自己増殖《ぞうしょく》、あるいは自己肥大するような、そういう天狗《てんぐ》的な妄想と希望で、野心家のように見えていたのではないかな」と思うし、周りにもそういうふうに言う方もいたのではあるけれども、詩集等から見るかぎりでは、どうも違うらしいということが分かります。

意外に天狗的なところがないので、「あれ？」と思いました。自分ではそうだと思っていたのに、あまりないのです。

霊道《れいどう》を開いてからあとも、「高級霊が霊示《れいじ》を降ろしてくれて、それを受け取っている自分」というのは確かに認識しているのですけれども、「この世に生きている自分」というのは、それほど「完成していて、人の上に立てるような自分にまで仕上がっている」とは思っていないわけです。

ありがたくも高級霊からの霊示を受けてはいるけれども、「これは〝本物の器《うつわ》〟として受けているものかどうかということを、何年間か耐《た》えて、じっと自分自身を見つめている」し、それから、「今、いくら言われても、自分自身にはまだ、そこまで人間として力がない。実力がない。見識がない」ということをよく分かっていたようには思うので、その力が満ちてくるのをじっと耐えている感じ、「瓶《かめ》に一滴《てき》一滴、水が溜《た》まっていく」ように、力が満ちてくるのをじっと耐えている感じが、詩集等からよく伝わってくるのです。

「理想はあって、それを実践《じっせん》しなければいけないときはあるけれども、やはり、力が満ちてこなければ、そこまでいかない」ということでしょう。「龍《りゅう》が淵《ふち》に潜《ひそ》んでいても、一気に天に翔《か》け昇《のぼ》るには『時』があるので、その時までは淵に潜んでいる」という感じがあります。「蛟龍《こうりゅう》、天に昇る」というようなことですけれども、そういう気持ちを持っているのがよく分かります。何年間か淵に潜んで力を蓄《たくわ》えている感じでしょうか。チャンスが来たら、一気に翔け昇ることは翔け昇るのです。だから、どちらかといえば龍だったのかもしれません。そんな感じを受けました。

ですから、宗教家としての素質は、もうわりに早いうちに、中学校ぐらいから出てきていたのかなとは思います。ただ、一般《いっぱん》の教育のなかでやっているかぎりは、「自分にはそういうふうな面が強い」というところまではまだ分かっていなかったということです。そういうことは分かっていなかったのです。

しかし、霊的な「ものの見方」とか「感じ方」ができていたことは事実ではあるので、このへんはほかの家庭と一緒《いっしょ》であったかどうかは分かりません。

自分の心を見つめ、内面的な成長をすることで、私の自己イメージは逆転した

「私にとっての中道」は、おそらく、「霊的な意味における自分の心のあり方」と「実生活における精神性・マインド」が、両立してあるということができるようにすること、そういうことだったかなとは思います。

だから、「仕事で波立っても、心が平静でいられるにはどうしたらいいか」というようなことを考えていたし、希望的観測から、「自分が偉《えら》くなりたい」とか、「出世したい」とか、「もっと大きな成功を手に入れたい」とか思うことはあったけれども、それに対して冷静に見ている自分がやはりいつもいたというところはあったのかなと思います。

この世に生まれて、両親から命を頂いて、勉強して、それから仕事をしていく以上、それは成長欲があるのは当然のことであり、そうしなければ申し訳ないことでもあるとは思うのです。しかし、その成長していく過程で周りが見えなくなって、自分に対しての「自己陶酔《とうすい》」や「妄想」、あるいは、自分が思っていることが実現しなかった場合、「自己卑下《ひげ》」、それから、自分自身をごまかす「自己欺《ぎ》瞞《まん》」のような心が出てきやすいとは思うのです。

「このへんの心をどう取り扱《あつか》うか」ということに対して、よく考えました。普通の人よりもよく考え、考え考えしていたのだなというふうに思います。そういうことが「心のひだ」を増やして、心を何重にも、織物のように織っていく力になっていったのではないかというふうに思うのです。

だから、自分の心のなかを見つめていくと、底が深い深い智慧《ちえ》の泉にまでつながっていて、「ああ、内面的な成長もあるんだ。体の外側の成長だけではなくて、内側の成長もあるんだ」ということが分かってきます。

金鉱を掘《ほ》っているように、穴を掘っていくうちに金鉱に当たって金が出てくるようなところがありますけれども、自分の内側も掘っていけば、だんだんに、そうした大きな金鉱・金脈に当たることがあり、そういうことを実際に体験したのだなということが分かります。「自分の内には無限の力が実は存在している。しかし、それを手に入れるには、コツコツとツルハシで掘っていく努力を続けなければいけない」ということでしょうか。

自己イメージとしては、「非常に鈍臭《どんくさ》くて、何もかも要領が悪くて、間尺《ましゃく》に合わなくて、肯定的《こうてい》な自己評価ができないような自分」というふうに思っていたのが、いつかを境にして逆転していったような気がするのです。逆に、「ほかのものを欲《ほ》しい」という気持ちだったところから、「ほかの方々に分け与《あた》えることができる自分」というものができてきたように思います。

ただ、この転換点《てんかんてん》は非常に難しいものです。

3 「中道《ちゅうどう》的な生き方」に必要な「繰《く》り返し」「積み重ね」

勉強のために、いろいろなものを捨ててきた学生時代

私の詩集を読んでいても、若いころのもので、「十年間、三千冊の本を読んできた男にとって、二月の雨はつめたい」とかいう、そんな詩がちょっとあったと思うのですけれども（『詩集　私のパンセ』〔幸福の科学出版刊〕参照）、それは実感でした。

みんな、十代の終わりから二十代にかけて楽しいことをいろいろとやっているように思うのだけれども、何か、「自分はもうちょっと勉強しなければいけない」という気持ちが強くて、「将来、必要になるものをじっくり読み込《こ》まなければい

けない」という気持ちがあって、本を読み込んでいたのです。

それが映画（「夜明けを信じて。」〔製作総指揮・原作　大川隆法、二〇二〇年公開〕）とかにも一部描《えが》かれてはいますけれども、十年間ぐらい本を読み込んでいた自分というのは、いろいろなものを捨ててもきたわけで、内心、「みんなと、もうちょっと楽しく遊べる時間はあった」と思うのです。

ただ、四人集まればマージャンが始まるから、そういう大勢がいるような学生下宿《げしゅく》には行かずに、一人下宿の所にもしました。

また、残念ながら、一年の服を春夏物と秋冬物の二つのシーズンに分けるとしたら、〝春夏〟も服は二着ぐらい、〝秋冬〟も二着ぐらいしかなかったので、着替《きが》えを一替えしか持っていないような自分であり、「これではデートもできないな」という感じはありました。服でも買えばいいのに、「服を買うお金があったら本を買う」という主義だったので諦《あきら》めていた面はあって、だから、憧《あこが》れで止まっているところもあったのだろうと思います。

デートをするといっても、そのときの女性たちでも、「どこかに連れていって」というところだったでしょうから、テレビの連続ドラマの恋愛《れんあい》もので、その世代のものを観《み》てみたら、みんな楽しい所へいろいろと行って、飲み食いしてやっていますけれども、そういう余裕《よゆう》はなかったというところでしょうか。

そういうところもあったと思います。

また、経済的にも「自分は普通《ふつう》だ」と思うことにはしていたけれども、けっこう厳しい面もあったのかなと思います。今も大学受験をめぐっては、やはり、天狗《てんぐ》にはどうしてもなれない面はあります。

「世間《せけん》様がどうであったのか」ということの平均は知りませんけれども、とにかく、父親が若いころ、いろいろな職業をやってうまくいかなくて、三十歳《さい》ぐらいから事業を三年ぐらいやったのですが、倒産《とうさん》したので借金を背負ってしまって、二十年以上、借金を払《はら》っていたこともありました。

その後、父は就職を斡旋《あっせん》してもらって、県庁に仕事を得たことは得たのですが、公務員の給料が、今と違《ちが》って当時は安かったのです。

母のほうも理髪《りはつ》店の仕事はしていたけれども、私の大学時代ぐらいにはもうやめてはいます。だんだん仕事も減ってきて、経費が高くなるので、もう店をやめなくてはいけないという感じになってきていた時期でもあったのです。

ですから、私の大学受験のときも、「国立に行ってくれ」ということでした。当時は本当に安かったのです。今は私立と差があまりないのですけれども、本当に安かったので、「国立にしてくれ」ということでした。

私立も何校か受けることはできたのですが、受験料は払ってくれたけれども「入学金は払えない」ということでした。「払って、もし行かなかったら損をするので払えない」ということで、受験料だけは払ったけれども、受かって合格証をもらっても入学手続きは取っていなかったから、結局、滑《すべ》り止めは本当に何もない状態だったのです。

東大を受けたものの、「受からなかったら高卒になるかもしれない」という恐《きょう》怖心《ふしん》はあって、その後、十年以上、ガバッと起きては「あっ！　そうだ、もう大学は出ていたんだ」とかいうような感じになることがときどきありました（苦笑）。「もしかしたら、どこにも行けないかもしれない」という気持ちがあったのです。

そういうこともあって、「いやあ、大学に行けずに高卒で終わるのも、東大で卒業するのも、もう紙一重《かみひとえ》だよ。ほんの紙一重だよ。どちらになるやら分からない。こんなもの、いろいろなものによって、平均以下になったり上になったりすることがあるので、どちらになるか分からないよ」という感じなのです。まあ、ちょっと極端《きょくたん》すぎますけれども。

今は「偏差値《へんさち》で輪切りに切って、どこに行く」というようなところまでやっているのが普通なのでしょうけれども、当時は、「行けないかもしれないよ」というような感じがあったので、十年ぐらいは、ときどきガバッと起きては、「はっ！　ああ、自分はもう受験は終わっていたんだ」というようなことを思うことはありました。

だから、いろいろな大学に行っている方がいますけれども、特にバカにする気もなければ、自分とそんなに大きな差があるようにも思わないのです。

菅《すが》さん（元首相）が「授業料が安いから法政《ほうせい》大学に行った」と言っていましたが、「うらやましいな。法政大学に行けたのか。いいな。入学金を払い込めなかったからな」と思うのです。「私立」と名が付くところは、受験料だけだと一万円ぐらいだったかと思います。それだけは出してもらえたけれども、入学金が払い込めなかったから、受かっても行けないので、「法政に行けたんだ。すごいな」というような気持ちは、やはりあることはあります。

本当に、ヒヤッとすることはたくさんたくさんありました。

要領だけで切り抜《ぬ》けようとする勉強法の危険性

受験については、やはり運もあると思うのです。「どの問題が出るか、出ないか」ということで運があると思うのですが、何か、すごく要領よくターゲットを絞《しぼ》ってヤマを当てて切り抜《ぬ》けていくような感じのやり方を「賢《かしこ》い」として、ステータスを上げていくという人もいます。

今、「ドラゴン桜」というドラマを、また久しぶりにやっているようです（説《せっ》法《ぽう》当時）。

これは「勉強の方法論だけ知っていれば、東大なんか誰《だれ》でも入れるのさ」というような感じのドラマなのですが、ちょっと嘘《うそ》もあると思うので、あまり信じられません。

原作のマンガ家自体は明治大学の政経を出ているらしいのですけれども、出版社の編集者が灘高《なだこう》から東大に来た人で、その人が「東大なんか、誰でも受かるんだよ」というように言ったそうです。マンガ家が「えっ⁉　本当か」と訊《き》くと、「いやあ、そんなの、方法論だけマスターすれば受かるんだよ」などと言うので、「では、教えてくれ」と言って訊いてマンガにしたものがヒットして、十六、七年前に社会現象も起こしましたが、今もまた違うものをつくっているようです。

新しいものは観ていないのですけれども、「そうだったかな？」という気もします。確かに、そういう人は、思い出してみればいたことはいたので、「ああ、なるほど。そういうやり方をちょっと言っている人もいたな」と思うのですが、「それで自分が賢くなると思っていたのかな」という感じはやはりあります。

今も「クイズ王」のような番組で、よく大学生、東大生や京大生が出てきてやっていますけれども、クイズに答えられても頭がよいというわけではないのです。

ああいうものは、クイズ問題をいっぱい読んだりしたらできるようになる人は多いと思うのだけれども、普通はできなくていいのです。仕事の役に立たないようなものは知っていても、あまりつまらないことではあるでしょう。

そういう、「運よくヤマを当てたりして合格したりすると、そのまま身分ができて偉《えら》いままでいける」と思っているような幻想《げんそう》が日本中にあることはあるけれども、私はそんなものは本物だと思っていないのです。本当に勉強の大切さを知って、学問を究《きわ》めていくことの大切さを知っている人こそ、やはり、ちゃんとした仕事をなしていける人だと思っているのです。

そうした「ドラゴン桜」的なノウハウで東大に入れたその方は、編集者としては儲《もう》かったのかもしれないけれども、「作家にはなれないでしょうが」と、やはり言いたいのです。そういう「要領だけでやれる」ということ、それは教えることはできますけれども、その要領ばかり教え続けた結果は、やはり、自分が何かクリエイティブなものをいろいろとつくっていくことにはならないのではないかというふうに思います。

これを知っているのは、たまたま、うち（大川家）の経験もあったからです。医者でもあるし受験数学も教えている灘高・東大理Ⅲの和田秀樹《わだひでき》さんという人が何百冊も本を書いているそうで、うちの子供たちが小学校のころにそれを読んだら、「数学は暗記だ！」とか書いてありました。そういう題を付けたほうがよく売れるのでしょうけれども。

それで、「ああ、数学は暗記なんだって」って。では、算数も暗記だね」ということで、上の二人には暗記をさせてやったら、本当に「問題」と「答え」を両方覚えてしまって、「問題文の数字は違うのに、答えは一緒《いっしょ》、同じ答えを書き続ける」というようなことをやっていました。

「社会」とかにはいいのです。社会は年号が移ったり、地名が変わったりすることはないので、それは暗記でいいのですけれども、数学は暗記ではなくて、やはり、ルールを覚えて応用して、推理して答えを出していかなくてはいけないものですから、それが王道です。

当時、家庭教師で呼んでいた人のなかには、同じく灘高から理Ｉに行った人もいたのですけれども、私が、その和田さんの「受験の数学は暗記だ」とかいうものを読んで、それをやらせようとしているのを見て真《ま》っ青《さお》になって、「先生、それは灘高で運動部をやりすぎて、成績が悪くて落ちこぼれた人たちが最後に使うやり方です。それをやるんですか」と言って、何か急に興ざめて〝撤退《てったい》〟していったのを覚えています。

それで、「何を言っているんだろう。同じ灘高で理Ⅲに受かった人がそう言っているんだから、いいのではないか?」と思ったのだけれども、やらせてみたら、やはり、数学的な思考ができなくなっていきました。

頭がもともといい人たちは、暗記しているつもりでいるのだろうけれども、実は暗記しているのではなくて、その暗記の前の「理解する速度」が速いので、理解して覚えているのだろうと思うのです。そして、ほかの人も同じような頭だと思っているから、暗記でいけると思っているのでしょう。

ところが、普通の人は、「理解できないものは暗記できない」のです。数学の問題の解答が一ページあるのを見て、「これを暗記しろ」と言われても、理解できなければ、これは普通、暗記できません。社会などであればできるかもしれませんが、数学とかはできません。

それはそのへんの「前提の違い」があるのですが、ちょっとそのあたりはよく私も分からなくて、子供たちにはそういうことを言っていました。自分はそうしなかったのですけれども、子供たちにそういうふうにやったところが、ちょっとあとで、理数系に弱い感じがそうとう出てきたので、少し考え方を改めなくてはいけなくなったのです。

いつまでも知的活動が続けられる仕事スタイルとは

私は、けっこう、ちゃんと鉢巻《はちま》きをして、二時間、数学の問題と格闘《かくとう》することは順当にやっていました。クーラーがまだ十分になかった時代に、もうパンツ一枚になって、洗面器に水を汲《く》んできてタオルを浸《つ》けて絞って、頭から絞った濡《ぬ》れタオルを被《かぶ》って問題を解いて、暑くなってきたら、もう一回、水に浸けてタオルを被ってというような、超《ちょう》原始人のような勉強の仕方をやっていたのです。

もうお笑いではあるのですが、その二時間なら二時間、ウンウンと言って解くのを実際にやったほうではあるので、ほとんど忘れてしまいましたけれども、思考訓練としてはそれもよかったのではないかというふうに思っています。

ただ、全般《ぜんぱん》には、受験とかは暗記が強い人のほうが有利であることは間違いないことではあるのです。ただし、試験のときに暗記して、そのあとケロッと忘れてしまうタイプなら、大成することはまずないと思われます。

世の中のものが全部、事前に分かっていて対策が打てるようなものではないので、どんなことが起きても、それに対応していく力を持たなければ駄目《だめ》なのです。そういう意味で、勉強を続ける根性《こんじょう》、繰《く》り返し繰り返し積み重ねていく根性が、けっこう大事なのではないかと思います。

自分の勉強方法とかを見ても、あるいは仕事方法とかを見ても、「亀《かめ》のごとく繰り返し続けていって、積み重ねていって、パターンとか方向は違うのだけれども、基本的には貯金型でやっているのだ」というふうなことは自分で分かります。「貯金を貯《た》めていくようなかたちで、いろいろな学問をやっていっている。仕事もそういうふうなかたちでやっているな」ということはよく分かります。

だから、何か急に出たものを、即決《そっけつ》でできるようないいノウハウを持っていて、それを使ってパッと答えを解くような感じではありませんけれども、蓄積型《ちくせき》でだんだんいろいろなものが溜《た》まっていって分かるようになっていっているので、さまざまなかたちのプロブレム、問題が出てきても、その今まで蓄積したノウハウを組み合わせて使っていけば、それを乗り切っていけるというような感じの仕事の仕方をしていると思うのです。

また、そんな「ハウツーもので一作、何かを書いて当てる」というようなやり方はしませんけれども、たくさんの本とかを勉強したり、いろいろな物事を研究したり体験したりして重ねていくことによって、いつまでも知的活動が続けられるような仕事スタイルをつくり上げてきました。

「二千八百冊以上の本を書いている」（説法当時。二〇二四年五月現在、三千百五十書以上発刊）といっても、それは勉強を続けているからです。いろいろなものを使っても、まだ新しいものの勉強をいつも続けていますので、泉が涸《か》れることはないということです。これを知っていたということは大きいと思います。

こうした「当たり前の勉強を繰り返し積み重ねていくことで、仕事が続けられ、新しい仕事がもう一回、次から次へとできて、リソースフルでリバウンドしてくる力が出てくる」ということは、私にとっては常識的なことでした。

若いころに読んだ本のなかに、「私小説型のタイプの方は、タネがすぐ涸れて生活困難に陥《おちい》る。それに比べて、教養を本格的に身につけて、勉強を続けながら書いている人はタネが尽《つ》きることがない」というようなことが書いてあり、それを若いころに勉強していました。

「夏目漱石《なつめそうせき》だとか森鷗外《もりおうがい》だとか、こういうふうな方は、どんどんどんどん書いていっても、タネがそう簡単に尽きはしない。しかし、体験派の方は、体験が面《おも》白《しろ》いと最初はウワッと注目を受けるけれども、そのうちにタネが涸れてきて、書けなくなって生活に苦労する」ということを勉強していたのです。

そういうマインドを心に持ってやらないと続かないのだということを知っていたから、「いろいろなことを勉強して、それを組み合わせることで新しいものを生み出していく」ということを何十年もやり続けてきました。

だから、本も書けるし説法もできますけれども、例えば、映画をつくるときに、原作あるいはストーリーのようなものを書きますが、それは勉強している範囲《はんい》がそうとう広大ですので、いろいろなところからアイデアを取り出して、続けることができるのです。自分の体験だけで書いて一作で終わるようなことは、まずありません。

しかし、私より何十歳も若い人でも、そういうものを書かせると、一作目は体験に基《もと》づいて「おっ、ちょっと変わったものを書いたな」というようなことを思うことがあっても、二作目、三作目になると同じようなことを書いてくるので、タネがあっという間に涸れてきた、泉が涸れてきたという感じがします。「こんな基本的なことを知らない方も、やはりいるのだな」ということを感じます。

このように、要領だけで、例えば、試験だけ通れば「○○大学卒」とかの資格は取れるかもしれないけれども、それは「その後、いい仕事が続けられるかどうか」ということとは関係のないことなのです。その肩書《かたがき》だけで通用するのは「入り口」だけです。あとは、「出口」のほうには関係がないだろうと思うのです。

「音楽」や「読書」「語学」の力を身につけた私の〝壁塗《かべぬ》り法〟の習慣

今、音楽系統で歌もつくっているのですけれども、私は正式な音楽教育を受けたことはないと思うので、「なんでかな。こんなものができて、いいのかな」と思うこともあるのです。ただ、よくよく考えてみると、確かに、中学ぐらいから詩は書いていましたから、作詞の練習をずっとしていたのだろうとは思います。

また、大学時代ぐらいからは音楽もよく聴《き》いてはいたのです。部屋のなかでは、クラシック系のものをテープで聴いていたと思うのですけれども、あとは、部屋のなかだけにいると、ちょっと気がこもりますので、外に出て、自分の選んだ喫《きっ》茶《さ》店とかで、よさそうな音楽を流しているところなどを幾《いく》つか選んで、そこで本を読んだりもしていたのです。

それで、音楽、歌、あるいはクラシックもありますけれども、そういうものを聴きながら本を読む習慣をつけていたので、けっこう聴いているのです。考えてみれば、もう四十何年、五十年近く、「音楽」と「読書」を並行《へいこう》してやっていたのです。このように、音楽を聴きながら本を読んでいたことが多かったので、音楽は、数はそうとう聴いており、繰り返し聴いているし、いろいろなものを聴いているのです。

それは暗記しているつもりはまったくなく、たまたまなのです。音楽を聴いているのは、喫茶店とかへ行ったら、ほかの人の話し声が聞こえてきたりしますので、それが邪魔《じゃま》になるからでした。つまり、それを聞かないで音楽のほうを聴くことで、遮断《しゃだん》して本を読むという習慣だったのです。

最初は、「喫茶店に入って、コーヒー一杯《ぱい》で本を一冊読む」という習慣を身につけるようにしていましたが、だんだん読む速度が速くなってくれば、コーヒー一杯で本を三冊ぐらい読めるようになってきます。そういうようなことができるのです。雑音が入ってくるし、机に向かってやるようなものではないけれども、それでも要点をつかんで読むようなことはできるようにはなってきたし、いい本とそうでないものを読み分けて、「いい本だと思ったものは繰り返し読む」というようなことをすれば、頭のなかに入ってくるというようなことを経験しました。

仕事術においても、「成功への道は、別に天狗への道ではない。一躍《いちやく》ワープして羽ばたいて、どこかに辿《たど》り着くというものではなくて、カメ型で本当にコツコツと繰り返しやっていくことが、そういう力をつけることだ」ということを知りました。

それは、音楽の勉強あるいは語学の勉強なども一緒で、語学も「全部、一回でマスターしよう」などとは思ってもいないのですけれども、繰り返し続けていくことで、次第《しだい》しだいに壁《かべ》を塗《ぬ》り重ねていくような感じの〝壁塗り法〟でやっているうちに、だんだん、読む力、聴く力が増えてくるというような感じの勉強の仕方をやってきました。

〝抜けていく〟ものもあるのだけれども、必ず〝新しく上を塗って〟いっているので、全体的に見れば、そんなに簡単に衰《おとろ》えないものはあったのかなと思います。

4　自分を磨《みが》くことが、他の人の幸福につながる生き方とは

主語の「私」を忘れて自分を磨き、「人を幸福にできる自分」をつくれ

「私の中道《ちゅうどう》」というのは何でしょうか――。

「他人《たにん》を害する」ということは、あまり考えていないと思います。「私の中道」は、「自分自身を磨《みが》くことが他の人の幸福につながるような生き方をしたい」という、こういう思いを持ち続けていくことだったと思うのです。

「自分を鍛《きた》える」ということが、「自分をいじめる」ということとか、「周りに強制されてやっている」とか、あるいは「嫌《いや》な戒律《かいりつ》を課されて、勉強を無理やりさせられている」とか、そのような感じはなくて、「学んで自分を磨けるという

ことは幸福なことだ」という気持ちが自分にはありました。

「自分を磨いて、自分を高めて、それで幸福感を味わうなかに、他の人のお役に立てる仕事ができるような自分、そうした学力なり、そうした認識力が他の人を助けて導けるような自分になりたいな」という気持ちをいつも持っていました。それで、ほかの人々の役に立つことも多くなってきたのだと思います。

そうしてみると、いつの間にか、日本語的ではあるのだけれども主語の「私」というのが抜《ぬ》け落ちてきて、自分のことを考えている時間がとても短くなるのです。

悩《なや》んでいる人を見てみると、ほとんど、自分のことを考えています。自分のことばかり考えているのです。「一日のうち、自分のことを考えている時間はどのくらいありますか」と訊《き》いてみたら、悩んでいる人とか、本当に地獄《じごく》に引っ張っていかれそうな感じの方というのは、自分のことばかり考えています。ほとんどそうです。

一方で、「気がついてみたら、今日、自分のことなんか、まったく考えてもいなかったな」と、例えば、「ただただ勉強した」「ただただ仕事に打ち込《こ》んでいた」という人の場合は、逆に、私は「天国的な生き方を本当はしているのだ」と思うけれども、それにさえ気がついていないのではないかなと思うのです。

「自分自身のことをあまり考えずに、悩みもせず、苦しみもせず、どうにかしようとも思わず、ただただ、よいと思うことを淡々《たんたん》と積み重ねていく。そして、ほかの方のお役に立つようなことをやっていく」――この道は「発展の道」でもあるけれども、これは同時に、私にとっては、現代における「中道的な生き方」だろうと思うのです。

主語の「私」のことを忘れて、自分を磨きながら、「それが他の人にもお役に立つように、他の人の幸福になりますように」ということで生きていけばいいのです。

男女の問題でも一緒《いっしょ》でして、「相手を奪《うば》うことによって自分が幸福になる」というようなことを考えているような人は、不幸の拡大再生産をすることが多いのではないかと思います。

何かにも書いてあるとは思うのだけれども、「どんな人でも幸福にできるような自分になろう」というふうに努力していったほうがよいのではないかと思うのです。「あなたと結婚《けっこん》したら、その人が幸福になれる」と言われるような自分をつくるように努力していたら、結婚というのはだいたいうまくいくものです。

しかし、「自分と結婚したから幸福になったのよ」とか、あるいは「あの人をゲットすれば自分が幸福になれる」とか、そういう「奪う愛型の幸福観」を持っていると、恋愛《れんあい》とか結婚もそんなにうまくはいかないのではないかと思います。

そうなると、もっと自分を幸福にしてくれる相手を探し始めますので、そういうものではないのではないかなというふうに思うのです。

だから、ほかの人を幸福にできるような自分をつくっていくということです。

これは、別な例で言えば、「猫《ねこ》のしっぽ」理論です。

子猫が自分のしっぽを追いかけている。クルクルクルクル回っても回ってもしっぽを噛《か》むことはできない。「しっぽこそが幸福だ。このしっぽをつかまえることができたら幸福になれるんだ」と聞いているので、しっぽを追いかけているけれども、いくら回っても回っても噛みつくことができない。

年を取った猫がそれを聞いて、「私も若いころは同じようなことを考えたんだけれども、そういう、しっぽをつかまえさえすれば幸福になれるという考えを捨てて、自分のことをやって、自分の道を歩んでいたら、しっぽは後ろから自分についてきた。幸福というのはそういうもので、本当に自分がやるべきことをやって、まっすぐに歩いていったら後ろからついてくるものだ。それをグルグルと追いかけ回しても、実際は逃《に》げてばかりいて手に入らないものなのだ」と言った。

そのようなたとえ話がありますけれども、そんなところはあるなと思います。

お金の貯《た》め方、使い方における中道的な考え方について

「これさえ手に入れたら幸福になれる」というものは、世の中にはいっぱいあると思うのです。見たら、「うらやましいな」とか、「ゲットできたらいいな」とか思うけれども、そうでもないのです。

お金はその最たるもので、「お金さえあれば何でもできる」と思う人はいっぱいいるでしょう。しかし、「釈尊《しゃくそん》の教え」にも、金銭に対する警戒感は教えのなかにずいぶん出てくるのです。

例えば、山道《やまみち》を歩いていて、金貨が落ちていた。そのとき、釈尊と一緒にほかの弟子《でし》も歩いていたのだけれども、「おお、危ない危ない。気をつけろ。毒蛇《どくじゃ》が

ここで口を開けている。この毒蛇に噛まれないように通り過ぎなくてはいけない」というようなことを言うわけです。「金貨を拾ったりすることは毒蛇に噛まれることと一緒だ」という考えです。

私も、「こういうのは、ちょっと極端《きょくたん》だな。貨幣《かへい》経済が発達していないからこそ、こんなことを言っていたのかな」と思いました。しかし、実際に何十年か生きてきて、いろいろな経験をしてみると、お金を儲《もう》けることやお金を貯《た》めること、貯金することなど、お金ができることはなかなか難しいことなので、最初からあったらいいだろうなと思うことはずいぶんあるのですけれども、「現実にお金ができてしまうと、そのお金が人間を駄目《だめ》にすることもある」ということをやはり経験しなければいけないと思うのです。

最初からお金があったらいいなと思うのだけれども、現実はそうではなくて、やはり、お金儲けをすることでも、なかなか、五人に一人成功する人がいればよいほうです。そして、今度は、貯まったお金、持っているお金をどう使ったらよいかを知っている人となると、さらに少なくなるのです。

お金があるために、これを遊興《ゆうきょう》、遊びに使ったり、投機に使ったり、さらには職業に就《つ》いて働くことをやめて、「これで遊んで暮らせる」とかいうふうに考えたりする人も出てきます。これが人間の性《さが》でしょう。

それから、女性にも、「美人はお金でつくれる」と思っている人はいっぱいいるのですけれども、確かにお金があれば、いい服も買えるし、宝飾品《ほうしょくひん》とかも買えるし、また、大きな家に住んで、多くの人にかしずかれたら、王女のようになれるかもしれません。

ただ、それだけでは済まないことのほうが多くて、堕落《だらく》してしまうことのほうが多いのです。「労せずしてお金がある、使える」という立場というのは、自分を引き締《し》めないと本当に毒蛇が口を開けているようなもので、いつ嚙まれるか分からないと思わなければいけません。そういうことを、私自身も経験しました。お金があることはよいことだとは思っていましたけれども、しかし、個人という面においては、これは危険な面もあるということです。

お金ゆえに駄目になる人はいっぱいいいるのです。それは、その人の持っているキャパシティー（容量）があるからです。その人が持っていていいキャパがあって、そのキャパを超《こ》えていっぱい持っていると、堕落したり腐敗《ふはい》したり、犯罪に通じるようなものに手を出したりするようなことがあります。

今も、「ジャンボ宝くじ、一等・六億円」とかいって旗が翻《ひるがえ》っているのを見ても、私は、「ああ、怖《こわ》い怖い、怖い怖い」と思って、「六億円要《い》りません、全然要りません」と思います。そんなものでお金が入ってきたりしたらもう、たぶんろくなことがないでしょう。

芥川龍之介《あくたがわりゅうのすけ》の「杜子春《とししゅん》」と一緒で、「六億円入ってきたよ」と言ったらもう、みんなウワーッとたかってきます。友達とか親戚《しんせき》とか、親からきょうだいから、それはたかってくると思いますが、なくなるのはあっという間でしょう。

あっという間にみんなパーッと持っていって、そして、お大尽《だいじん》になって、もうおだてられて使わせられて、そのあと、「正規の職業に今さら就けるか。時給千円ぐらいの仕事なんか今さらできるか。六億円を手に入れた自分が、これからは時給千円でアルバイトなんかできるか」と、やはりそうなるのです。

だから、そういう偶然《ぐうぜん》のようなことで大金が転がり込むようなものは避《さ》けたほうがよいと思うし、自分を堕落させないように努力したほうがよいと思うのです。やはり、「コツコツと働くことのほうが、私は性《しょう》に合っているので」というようなことで生きていくほうがいいというふうに思います。

当会には植福《しょくふく》のカルチャーもありますけれども、お金が貯まりすぎた方とか、あるいは、事業に成功しすぎた方は必ずおかしくなりますので、やはり、一部分を、「神仏のために使ってもらいたい」という気持ちで差し出す気持ちを持っていれば、慢心《まんしん》からの転落を防ぐためのいい勉強にはたぶんなるのではないかなというふうに思います。

「自我我欲《じがかよく》」と言うと非常に厳しい言い方になるけれども、「あまり自分一人がそんなに得をしたって、世の中は幸福にならないものだ」ということを知っていたほうがよいのです。

しかし、お金があったら、できることもたくさんあります。世の中の人たちを助けることもできれば、あるいは、自分のやっている仕事がお役に立っているなら、それを広げることもできます。だから、善用すれば、うまくいきます。

ただ、個人においては転落するきっかけになるし、会社であっても、大きくなっていったら、また、犯罪などに結びつけられるようなことも多くなるので、気をつけたほうがいいでしょう。

いろいろなことがありますけれども、それぞれの道において、「自分なりの中道とは何か」、簡単に言えば、「他人《ひと》を害さず自分を害さない生き方とは何か。そして、未来が続いていくような生き方とは何か」――これを考えながら、いろいろなことに当たっていくことが大事なのだというふうに思います。

第2章

実務的知性と宗教的知性

――合理性と神秘性を両立させる生き方とは――

二〇二一年五月七日　説法《せっぽう》

幸福の科学 特別説法堂にて

1 「実務的知性」と「宗教的知性」はなぜ両方必要か

人間の総合的評価につながる「プラスアルファの能力」とは

今日は三千二百九十九回目に当たるらしく、あと一回で三千三百回なのですが（説法《せっぽう》時点。二〇二四年五月現在の説法回数は三千五百回以上）、こういうものはテーマが急に降ってくることがあり、お昼ごろ、「こういう話が必要かな」と思って考えたものです。

私はいろいろなことについての話をしていますけれども、主として宗教のほうに足場を置いてやっているので、宗教的な話が多いかと思います。

そうした話は、それぞれの人の心を豊かにしたり慰《なぐさ》めを与《あた》えたりするのには役に立っていると思うし、魂《たましい》の磨《みが》きや、あるいは成長に役に立っていることも多いだろうと思います。

ただ、そうした宗教的説法だけでは、実は「救われていない部分」もあるのではないかと思うのです。

本章では、そのへんについて、ちょっと話を補強しておいたほうがいいのかなというふうに考えています。

「実務的知性と宗教的知性」と言ってはいるのですけれども、実際には、この世で、あの世など信じないで、霊界《れいかい》など信じないで、自分に魂が宿っているとも思わず、守護霊《しゅごれい》がいるとも指導霊がいるとも思わず、神様も仏様も信じていない、そんな人は、日本にはたくさんいます。最低でも半分、もしかしたら七割ぐらいはいるかもしれません。

世界の趨勢《すうせい》としては神や仏を信じている人のほうが多いのですけれども、ただ、その内容、質においては、だいぶ下がってきているのかなというふうには思っています。

今回言っておきたい「実務的な知性」というのは、現実の仕事をやっていくときに、判断したり、考えたり、見通したり、片付けていく能力に関連した知性のことで、一般《いっぱん》的には知能とかかわる「インテリジェンス（知性）の問題」かというふうに思います。ですから、この世での教育や、あるいは会社仕事等で磨けるのは、この「実務的知性」のほうが圧倒《あっとう》的に多いのです。

これを磨くために学校教育や会社仕事等をやっていて、これで実績を出した方とか優《すぐ》れていると思われる方が、だんだん選ばれてエリートになっていくようなことが多いのではないかと思います。

ただ、これはこれとして認めるとしても、そのなかにおいて、やはり、また、例えば学校のなかでも、勉強だけではないところもあります。

周りから人気があるとか、何かリーダーとしての「徳」があるとか、みんなをまとめていけるとか、あるいは困った人がいたら助けてあげたり、クラスの調和をつくっていけたりするような人もいるし、先生が困っていたら、その部分を補ってくれて、みんなの気持ちを引っ張っていってくれるような子もいます。

それは会社でも一緒《いっしょ》です。

そうした個人の能力に基《もと》づいて個人個人の仕事をみんなはやっていて、「できる・できない」等を振《ふ》り分けていかれるし、判断されます。また、勉強の延長上にあるような知性を使って、ある一定の専門領域についての仕事を積み重ねていくわけですけれども、その間《かん》、ほかの人とも一緒に仕事をやっているし、自分が所属しているところ以外との関係もあります。

そういうことで、会社全体として見たときに、その人の能力が、「できるか、できないか」ということだけではなく、やはり「プラスアルファの部分」はあるのではないかと思うのです。

例えば、仕事的にそんなに切れなくても、その人がいるとみんなのやる気が出てくるとか、みんながやる気がなくてげんなりしているときに、その人が来ると元気になるとか、あるいは、チームワークがよくなってくる人とか、ほかの人にとっての手本になって、みんなを引っ張ってくれるような人がいることもあるし、上の人の能力がそんなになくても、その人が来ると、ちゃんとカバーしてくれるというような人もいます。あるいは、組織として課とか部とかで失敗をしようとしているようなときでも、その人がいるために、会社全体に致命《ちめい》的な失敗を犯《おか》さないで済むようなこともあります。そうしたことをサッとやってのける方もいることはいます。

そのように、いろいろな方がいて、通常の能力と思われない部分で「プラスアルファの能力」というものが出てきます。そういうものが積み重なってきて総合的な評価が出来上がっていくのです。

「この世的な能力」が未熟だと「宗教的な知性」にも影響《えいきょう》が出る

それから、会社での仕事能力はあると思っていた人が、あるときからできなくなるようなこともあります。

それは、家庭に悩《なや》みがあるときなどには、そういうことがあります。

例えば、お父さんとかお母さんとかが重い病気になり、病人を抱《かか》えている。あるいは結婚《けっこん》をしている人であれば、奥《おく》さんとか旦那《だんな》さんとかに、何か事故、病気等があって、それが頭から離《はな》れない。あるいは、子供に問題があって引っ張られる。それは、病気のときもあるし、障害がある場合もあるし、そうでなくても、子供にとっても、進学とか就職とか、その他いろいろと問題が多いこともあるでしょう。

親のほうは出世していても、子供のほうは仕事ができなくて、家でずっと引きこもりをやっている。四十代で引きこもりをやっているなどという家庭もあります。

これは現実にありました。元役所の事務次官をやっていた方が七十代になって、四十代で家に引きこもっている息子《むすこ》がいつも「人を殺してやる」みたいなことを言うので、ニュースで通り魔《ま》のように人を殺した人が出てきたのを観《み》て、「息子もまねをしてそんなふうになるんじゃないか。近くに幼稚園《ようちえん》があるので怖《こわ》い」と思って、殺してしまったなどということも現実にはありました。法律は知っているでしょうから、それが犯罪になることぐらいは十分に分かっていたとは思うのだけれども、自分が七十代後半にもなってきたら、「もうあとは、この息子を残してどうなるか」というようなところも感じたのでしょう。

ですから、普通《ふつう》の判断ではありえないようなことをやってしまうこともあります。

あるいは、家庭内暴力のようなことが起きていたら、外には知られたくないものです。恥《は》ずかしいから知られたくないけれども、家庭内暴力のようなことが続いていたら、もう会社の仕事が手につかないということはあるでしょう。「早く帰らないと、家で暴力を振るっているかもしれない」とか思うこともあるし、夜が眠《ねむ》れないこともあるでしょう。

宗教的に言えば、それは悪霊《あくれい》現象とかいろいろなものが絡《から》んでいることもありますけれども、人間というのは、そういういろいろなことで、普通なら「できる」と思うようなことができなくなっていくようなところがあるのです。

結婚問題や離婚《りこん》問題等もけっこう大きな問題です。進学、卒業、就職、結婚、出産、あるいは転職、それから離婚、いろいろなことがあります。転勤もあるし、あるいは、家を売ったり、買ったり、建てたりするようなときもあります。

そういうときに、いろいろな人がいろいろな判断を加えていって、トータルで見たら、プラスになったりマイナスになったり、両方あることもあると思います。

ただ、全部について話をするのはちょっと無理かなとは思いますので、今回は、こうした「この世的な判断」あるいは「この世的な能力」を使ってやる部分が未熟だと、「宗教的な知性」のほうにも影響《えいきょう》が出る——というところを自覚してほしいと思って、この小さな説法をしようと思った次第《しだい》です。

2 霊障《れいしょう》や悪霊《あくれい》を呼び込《こ》む意外な原因とは

人間は幾《いく》つか問題を抱《かか》えるとにっちもさっちも行かなくなる

結局、人間は幾《いく》つか問題を抱《かか》えていると、にっちもさっちも行かなくなるようなケースは多いのです。

特に男性はそうなのですけれども、何か一つの仕事をじっくりと取り組んでグーッとやって、何年かかかってそれをやり遂《と》げたりすることには向いている頭の方が七、八割なのです。「男性頭《あたま》」というのはだいたいそうで、「一つのことをずっと掘《ほ》り込《こ》んで進めていって、完成させていく」というようなことが好きなタイプが七、八割です。

「女性のほうの頭」は、意外に〝同時多発型〟の処理ができる頭なのです。

というのは、結婚《けっこん》して子供ができたりしたときに、ご主人のことから親のこと、あるいは子供が複数いる場合もあり、いろいろな人がバラバラな動きをしたり、要求をしてきたりするわけですが、それぞれについて心を配っていなければいけないので、どうしても、同時多発でいろいろなことが起きても、それをやれなければいけないからです。

例えば、今、夕ご飯《はん》をつくっている途中《とちゅう》だということであれば、これをちゃんとつくり終えたいでしょう。カレーでも何でもいいのですけれども、カレーならカレーをつくり終えてから、次のことをしたいものです。ところが、子供が何か「ギャー」とか「ワー」とか言っているのに対して、「お母さんは今、カレーをつくっております。カレーが完成するまであと五十分かかります。それからあと、あなたの『ギャー』と言った内容について相談を受けますので、それまでしばしお待ちください」と言っても、子供は待ってくれません。五十分も待ってはくれないのです。

「ギャー」と言ったら、それは今、何か問題があるわけです。どうにかしてほしい問題があるわけです。火傷《やけど》をしたか、転んだか、怪我《けが》をしたか、きょうだいに何かがあったか、あるいは学校で何か問題があったか、「緊急《きんきゅう》の返事が欲《ほ》しい」というようなことを言われたか、何かがあるわけです。

子供が「ギャーッ」と言っても、「カレーにはあと五十分かかるんです。だから、それまでは駄目《だめ》です。でも、カレーが終わっても、それで終わりじゃないんです。まだほかの準備がありますから、まあ、夕方六時を過ぎたら聞いてあげましょう」とか「お父さんが帰ってきてから聞いてあげましょう」とか言っても、子供はだいたい言うことをきいてくれません。

親などと一緒《いっしょ》に住んでいる場合でも、そういうことはあります。突如《とつじょ》、入ってきます。関係なくズバズバッと入ってきて「ああだ、こうだ」と言ってき始めて、「うわ、今、こんな仕事をしているのに、こちらがしている仕事を気にしないで勝手なことを言っている」とかいうことはあります。

子供は学校へやっているから、それでもう安心かと思えば、学校から電話がかかってきて、呼び出しとかで「隣《となり》の子を殴《なぐ》って怪我をさせました。向こうの家に謝罪に行ってください」となれば、今日の予定はもう丸潰《まるつぶ》れになります。今は夫《ふう》婦《ふ》共働きのところもありますけれども、それでも、たいていの場合は、まずお母さんのほうが学校に飛んでいかなければいけないことのほうが多いことは多いのです。

こういうようなことで、不意のことがいっぱいあっても、やらなければいけないのです。

また、一人のことをやっていたら、次の子がまた問題を起こすというようなこともあります。双子《ふたご》とか三つ子とかいるような方は、そういうことは多いでしょう。双子の場合などであれば、同時に同じことを要求する場合があります。「お腹《なか》が空《す》いた」となったら同時にギャアギャアッと泣き始める。おむつを替《か》えてほしいときも同時に言ってくる。「できるか！」ということですが、どちらかを先にしたら、片方がわめき、泣き続けるということがあります。

双子ではなく、年の差があっても、片方が何かを要求したりしたら、例えば、一人が「僕《ぼく》、プールに入りたい！」とか言い出したら、もう一人もまた何か別なことを言い出したりするようなことはあります。いやあ、けっこう難しいものです。

ただ、女性性が高いタイプの方は、こういういろいろなものが突発《とっぱつ》的にいっぱい起きても、比較《ひかく》的、何とかして解決しようとする傾向《けいこう》はあります。

幸福の科学と同じだけの歴史がある一九八六年以降の男女雇用《こよう》機会均等法下で

は、女性も今はちょっと男性と同じような仕事ができるようになってきているので、やや、仕事は両方とも近づいてきている面はあるのかなとは思いますが、本質的にはそういう違《ちが》いは持っています。

ということで、男性的な仕事が得意な女性の場合は、女性的な機能をよく持っている男性と結婚したがる気《け》があるし、男男《おとこおとこ》していて、「それ以外のことはできない」というようなタイプの男性、「職人肌《はだ》で一つのことをやり抜《ぬ》く」というようなタイプの男性の場合には、「何もかも面倒《めんどう》を見なければいけない」と思うようなタイプの女性がお世話しないとうまくいきません。「私は私で仕事があるのよ」というような女性と、職人肌で一つのことに打ち込んでいるような男性とだと、これまた夫婦生活が全然成り立たないことがあります。そういう問題もあるのです。

ですから、人間は年を追うにつれて、少しずついろいろなことを知り、賢《かしこ》くなっていかねばならないことはあるのだということです。

本当の原因に気づかないと大問題に見えることがある

また、いったい何が本当の原因かが分からなくて、感情が波立ったり、苛立《いらだ》ったり、怒《いか》ったりすることもあります。

これは、哲学者《てつがくしゃ》のアランという人が言っていることです。

「赤ちゃんが泣いているということで、『何か病気なんじゃないか』とか思って、みんながいっぱい心配していると、何のことはない、安全ピンが当たって痛いということで泣いていたということだった。それを発見すれば問題は解決するけれども、それが分からないうちは、みんな大騒《おおさわ》ぎしたりするようなことがある。そういうことはいっぱいあるよ」というようなことを、アランは言っています。

これは、アレクサンダー大王が暴《あば》れ馬を手懐《てなず》けたときの例でも出てきています。

「誰《だれ》も乗ることができない暴れ馬」というのがいて、これをどうしても乗りこなすことができず、乗ろうとしたら、みんな振《ふ》り落とされてしまうということがありました。

ところが、アレクサンダーはそれを見て、「ああ、この馬は自分の影《かげ》に怯《おび》えているだけなんだ。だから、影を見せないようにすれば、これは乗れる」ということが分かって、影を見せない方向に顔を向けさせる、あるいは、目隠《めかく》しのようなものをして馬が横を見えないようにしたのです。そうすれば乗れるということが分かったら、乗りこなせるようになったということです。

意外にそんなもので、やはり、何か「盲点《もうてん》」があってそれに気がついていないために、大問題が発生したり、大混乱が発生したりしているように見えることはよくあります。

このへんは、常に客観的に冷静に自分自身を見つめる必要はあると思います。

同時に「複数の仕事」が入って起こるパニックをどう捌《さば》いていくか

私は、宗教的なものにはもう大学時代から少しずつ踏《ふ》み込んでいって勉強もしていたし、心の修行《しゅぎょう》も少しずつやってはいたのですけれども、その後、会社に勤める機会があって、何年か勤めていました。これは「二足の草鞋《わらじ》」ですから、これでも十分に大変は大変なのです。

会社のなかでは、同じことをずっとやらせてくれるような仕事もあると思うのですけれども、たまたま、やたらめったら忙《いそが》しい職場でありまして、人生最初の仕事で外国為替《かわせ》という仕事が回ってきたのです。

外為《がいため》の仕事をしていたときは、一日百五十本ぐらいの電話はあったか、やはりそのくらいはあったのではないかと思うのです。場所によっても違いはちょっとあるのですが、百本や二百本の電話はありましたし、それが日本語だけならまだいいのですが、日本語ではなく英語も多いのです。外国へ行ったら英語のほうが基本になりますので、よく分からない英語も入った電話がいっぱい来るのです。

今、私は電話嫌《ぎら》いだから、電話はしないのです。電話はしないし、かかってくるのも嫌いだから受けもしないのですけれども、できないわけではなくて、昔、電話をしまくっていたから、それでもう嫌《いや》になって卒業したくて、電話は触《さわ》りたくもない気分で、「もう一生分はやった」というぐらいの感じがあるのです。

電話がもう〝ジャンジャカ、ジャンジャカ〟かかってくるのですが、それが嫌なのは、こんなことです。

一つの電話を聞いて、「はい、分かりました。それでやります」と言って、やり終わったら次がかかってくるのであればありがたいのです。本当にずっと田舎《いなか》のほうの駐在員《ちゅうざいいん》のようなものになったら、そういうこともあるかも分かりませんけれども、忙しいところだったら、一つかかってきて、「はい、分かりました」

と言い終わる前に次の電話が入ってきて、両方を聞かなければいけないようになります。こちらを聞いていると、こちらは別のことを言って、全然違う話をするわけです。「A銀行からはこう言ってきて、B銀行からはこう言ってくる」とか、あるいは、内部から「あの書類はどうなっているか」とかいうのが、バババッと同時に入ってくる。これでたちまちパニックに陥《おちい》るのです。

それは、私だけではなく、ほかの人を見ていても、「人は同時に幾つかの問題を抱えたらパニックになって能率が落ちる」というのはよく分かりました。一個一個片付けていけたらすっきりしますけれども、そうはいかないのです。

例えば、自分の事務仕事とか、そういうものもあるのに、それにもかかわらず、またお客がやってくるということがあります。

向こうは暇《ひま》なときに来るから、朝一番に来る場合も、昼前に来る場合も、午後に来る場合も、夕方に来る場合も、いろいろあるけれども、「こちらが何か緊急のこととか難しいことをやっているから来ない」ということはありえません。向こうにとって都合《つごう》のいいときに来るわけです。アポイントを取って来る人もいますけれども、たいていはアポイントなどありませんので、お互《たが》いに窺《うかが》って、様子を見て、すぐ帰る場合と、長くやる場合と、交渉《こうしょう》に持ち込む場合とか、いろいろあるのですが、いろいろなものがパラパラとやってきます。

だから、電話をいっぱい受けて、これを片付けようとしているときに、「来客です、◯◯さん。応接室へ行ってください」と言われたら、もうお手上げの状態です。そこで一時間とか二時間も話していたら、帰ってきたときには「いったい何をやっていたんだっけ？」とか思って、その続きをやろうとしたら、その間にまた電話が何本か入って、メモがいっぱい置いてあるというような状態でした。

もうパニックです。もう本当に嫌になるぐらいパニックになりますが、これをどう捌《さば》いていくかということの訓練をしなければいけなくなるわけです。

それから、何度も言っていることではあるけれども、私が海外に行ったときは、語学学校にちょっと通ったり、あと、ニューヨーク市立大学の大学院で国際金融《きんゆう》のゼミに出たりしていたこともあります。

そういうのに出るのは特権は特権なのですけれども、その分、仕事のほうで許してはくれなくて、ちゃんと宿題があるわけです。その間の二時間なら二時間、出た分だけ宿題は溜《た》まっているわけで、余計苦しいのです。

本当は、「酷《ひど》い会社だな」と私は思いました。「これは酷い会社だな。働いて給料はちゃんと回収して、勉強したければ、プラスアルファ、自分で時間をつくり出して行け」というのです。まあ、たいていは〝沈没《ちんぼつ》〟します。ほとんどの人は〝沈没〟するのです。〝沈没〟しない人もたまにいるのですが、たいていはできなくなるので〝沈没〟します。

私は、何かに入ったら、いちおう、「やらなければいけない」と思うほうなのでやってしまうのですけれども、どうやって時間を捻出《ねんしゅつ》したらいいかが分からないから、とにかく速度を上げるしかありません。判断速度、処理速度を上げていく。それから、手持ちの未決問題をどうやって消し込んでいくかということが、非常に大事なことでした。

「悩《なや》み」や「問題」を具体的に消し込《こ》まないと霊的《れいてき》にも悩乱《のうらん》してくる

大人の場合はどなたも、たいていはお仕事をしていることがあると思います。あるいは、大人ではなく学生であれば、「受験勉強とか学校の勉強をやりながら、幸福の科学の勉強とか活動をどう両立するか」ということで悩《なや》んでいると思うし、大人の場合は、「会社の仕事をやりながら、『幸福の科学のお手伝いをしてくれ』と言われて、どう解決するか」とか、あるいは「家庭問題とそれをどう解決するか」とか、やはり幾つか同時に走っていて厳しいだろうなと思うことはあるのです。

　そこで、全部に通用することを必ずしも言えるわけではありませんけれども、私の経験から言いますと、あまり抽象的《ちゅうしょう》に悩んでいてもしようがないので、とりあえず、具体的に消し込《こ》んでいくことを考えなければいけないのだということです。

　この世的なことで具体的な消し込みができなければ霊的《れいてき》にも悩乱《のうらん》してきますので、霊障《れいしょう》になったり、悪霊《あくれい》を呼び込んだりする原因になりかねません。意外にこの世的なことでつまずくのです。

　この世で、例えば「借金をして、その借金の期限がもう三日後に来る。三日後に三百万円を返さなかったら会社は倒産」となったら、これで普通《ふつう》の人は霊障になります。資金調達の目処《めど》があればいいけれども、「三日後に三百万円を払《はら》えなかったら、おたくの会社は潰れます」と言われたら、それは、神仏《かみほとけ》にも祈《いの》りたいところでしょう。しかし、「神仏は三百万円を降らしてくれないだろうな」ということぐらいは分かりますので、その三日の間に、「いったい、何をして三百万円をかき集めるか」、あるいは「払わないで済む方法があるか」「免除《めんじょ》してもらえるか」と考えます。そして悩乱します。だから、これは、悪霊は簡単に入ってきます。

宗教修行として、精舎《しょうじゃ》で瞑想《めいそう》をして悪霊を取る修行をやってきても、現実問題で「三日以内に三百万円を返さなければいけない」となって、これが返せないということになったら、本当にもう霊障になります。

誰《だれ》かを騙《だま》して三百万円を巻き上げてくるか。泥棒《どろぼう》・強盗《ごうとう》に入るか。それとも夜逃《よに》げをするか。あるいは、拝《おが》み倒《たお》して相手に土下座《どげざ》して、「すまないけれども、半年待ってくれ」とやるか。あるいは、「何か法律的な抜け穴はないか」「それを逃《のが》れる手はないか」と、誰かに相談するか。

そういういろいろな悪あがきも含《ふく》めていっぱいあるとは思うのですけれども、例えば、一つ大きな問題を持っているだけで、人は精神統一が簡単にはできなくなります。ですから、これを片付ける以外にないわけです。こういうことを片付けていかなければいけないということです。

3 「仕事」と「プライベート」を両立させるためには

自分を悩《なや》ませている問題を消し込《こ》んでいく方法

「会社の仕事」と「家庭」、それと、例えば「宗教活動」の三つだけでも、この三つを両立ならぬ鼎立《ていりつ》させるのは、そんなに簡単なことではないと思います。

・思いついた順でいいから悩《なや》みを書き出してみる

そういうときは、私がやったことですけれども、まずはあまり抽象《ちゅうしょう》的に考えないで、具体的に、「自分が今、悩《なや》んでいることは何なのか」ということを書き出してみることです。

紙一枚でいいのです。レポート用紙一枚あれば、だいたい収まることが多いと思うのです。これを、とにかくまずはアトランダムに、バラバラに、順不同で思いついた順でいいから、「自分が今、何を悩んでいるのか」ということを書き出してみるのです。

これは私も過去によくやったのですが、たいてい、多くても二十ぐらいで収まります。二十ぐらいでだいたい収まるのです。

そうして、二十ぐらい書いてみます。まあ、十ぐらいしかない場合もあるし、もっと少ない場合もあります。

・問題を「長期的なもの」「中期的なもの」「短期的なもの」に分類する

そのあと、それをしばらく見ていて、どうにかしようと思ったら、今、判断ができることもあるし、今すぐできないものもあるのです。「これはもうちょっと時間がかかるな」というもの、例えば、短期的に言っても「半年かかる」とか「一年かかる」とかいう問題もあります。あるいは、もうちょっと中期的に言って、「三年から五年かかる」という問題もあります。長期的な問題としては、「もうこれは十年、二十年、あるいは一生のことだな」と思うような問題もあります。

これらを分けると、「今、自分が判断することで解決する問題」と「ちょっと時間がかかる問題」、それから「一年を超《こ》えてもうちょっと長くやらないかぎり解決しない問題」という、短期、中期、長期での問題があると思うのです。それをちょっと分類してみることが大事です。

そして、長期的なもので、「どう考えても今すぐ解決がつかない」という問題に関しては、残念ではあるが、自分なりの志《こころざし》や方向性というものの色付けは必要だけれども、とりあえず、ちょっと棚《たな》の上に置いておかなければいけません。

例えば、海外にいたら、帰国してから起きる問題とかいうものには、海外にいる間では解決しない問題があります。あるいは、「親が病気で入院した」という問題にだって、自分の力では解決しない問題はあります。すぐ亡《な》くなるやら、何年も入院するやら、あるいは長く入院したままになるやら、もういろいろなことが頭に交錯《こうさく》はしますけれども、すぐに解決しない問題もあります。これについては、必要以上に悩みすぎたら時間の無駄《むだ》ですから、だいたいやれるべきことは何かを考えたら、ちょっと置いておくしかありません。

次の中期的な問題も、例えば、「あと三年はかかる問題だ」と思ったら、これについては、一定の方向性を出すことはできても、今は解決はできないということで、色分けをしていきます。

残りは短期的な問題です。

今、自分がどう考えるか、どう判断するか、どう行動するかで、解決できるかどうかが決まる問題もあると思うのです。

・短期的問題に絞《しぼ》り、「どうしたら消し込《こ》めるか」を考える

そこで、今、自分がどう考えるか、どう判断するか、どう行動するかで決まることは、その二十ぐらい出した悩みのなかに幾《いく》つあるか絞《しぼ》ってみます。そして、これをもう一回並べてみるわけです。それから、このなかからどうやったら消し込《こ》めるかということを考えます。

もし、「今の判断で、たぶん解決できるのではないか」と思うことが五つぐらい出てきて、残ったとしたら、その五つを書いて、一番から順番に五番まで解決するわけではないかもしれないけれども、「このなかで解決できるものは何なのか」ということを考えます。

そして、一番目の問題をどうするか。

例えば、親が入院して入院費用がかかる。しかし、何年入院するやら分からな

いし、「もしかしたら、そのまま老人ホームで有料のところに入らなければいけなくなるかもしれない」とかいろいろ考えると、お金の問題のところで金策を考えなければいけない。親の入院費用がかかるけれども、しかし、今度は子供の進学費用も同時にかかって、進学ができなくなったら困る。このような問題は当然出てきます。

こういうときに、解決方法として何があるかということを幾つか考えてみると、解決がつかない問題もあるけれども、「今すぐ自分のできることはこれ」というものもあると思うのです。そして、自分ができることはこれしかないので、これはするけれども、それ以外については、あとはもう、ほかのきょうだいがいたり、家族がいたり、親族がいたり、あるいは会社とかが面倒《めんどう》を見てくれる場合もあるし、他の方法として、政府とか地方自治体が面倒を見てくれる場合もあるから、そういうものがあるかどうかを見て、最後はもう神様・仏様にお任せするしかありません。ただ、「自分ができることはこれ」というものはあると思うのです。まずは、そのやれることをやってしまうことが大事です。「何が消し込めるか」という問題を考えて、消せるものから消していくのです。

例えば、借金をするということでは、先ほど言ったように、「三日以内に三百万円を払《はら》わなければ会社は倒産だ」ということで、もう飛び降りて自殺するとかいう人もいるだろうと思います。ただ、会社は潰《つぶ》れるだろうけれども、その後、家族はどうするかという問題もありますし、債権者《さいけんしゃ》だって損をするだけの問題になりますから、考え方はいろいろあります。法律的にはいろいろな方法があるとは思うので、それは専門家に相談してもよろしいでしょう。

または、「駄目もと」で、「返済を待ってもらえないか」、あるいは「分割《ぶんかつ》にしてもらえないか」とか、あるいは、「これが終われば幾ら入ってくる」ということをキチッと説明して、「だから、まったく取れないより、このほうがいいでしょう」というようなことにするとか、「一年間待ってもらえたら、あとこのくらい余分に利子を付けたって構わないんですけれども」という道があるとかいうこともあるし、あるいは、縮小・撤退《てったい》ということもあると思うのです。

見栄を張ってお金を使いすぎているから会社にお金がないというのであれば、世間《せけん》でやっているようなリストラもちゃんとしてみて、家賃を安くしたり、あるいは、要《い》らない土地を持っているのであれば売り払うという方法もあるし、申し訳ないけれども転職してもらわなければいけない社員もいるかもしれません。

そういうことで、やれることを考えてみることが大事でしょうか。

商社時代、「仕事」と「大学院」を両立させるために私が実践《じっせん》したこと

私が経験したのは、そんなに大きな、難しいことではなく、毎日毎日の仕事のほうでしたけれども、とりあえず、毎日、自分が抱《かか》えている問題のリストはよく

つくっていました。

そうすると、「解決可能なもの」と「今すぐ解決できないもの」と「これはちょっと判断保留にするしか方法はないもの」と、三つがだいたい出てきましたが、とにかく、自分を悩ませている問題を一つでも消し込んでいくと、やはり楽になることは楽になるのです。〝霊障《れいしょう》〟風にもう頭がいっぱいになっているものが消え込んでいくので、「消せるところから消していく」のは大事です。論理的に、順番的に、こうすべきだということを考えるのだけれども、必ずしもそうはできないことがあるので、できるところから消し込んでいくということが大事なのです。

商社時代、ニューヨークで、私は朝の八時ごろに出勤したら、当時はまだ電気スタンドをつけてやっていましたけれども、だいたい電気スタンドのところに今日やるべきことのリストを貼《は》って、終わったらマジックペンでピシッ、ピシッ、

ピシッ、ピシッ、ピシッと消し込んでいくということをしていました。だいたい今日やるべきことを消し込んでいって、「残っているのは、あと、これと、これと、これだな」ということで、残っている部分については、「これは今日、解決できるかどうか。できないものについてはしかたがないし、ほかの考え方がないかどうか」とか、いろいろ考えてやっていきました。

そういう訓練をやっていかないと、例えば、百本も二百本もあるような電話は、とてもではないが相手にできないのです。しかも、仕事の電話がかかってきているのに、「その間に学校に行って勉強してこい」などと言われても、「そんなのは机上《きじょう》の空論《くうろん》で、できるわけがないでしょうが」ということになりますので、どうやって両立させるかということを考えました。

大学院で国際金融《きんゆう》の勉強をやっているといっても、進む速度がすごく速いのです。一回一回が本当にもう百ページ、二百ページと英語の難しい本が進んでいくのです。ところが、行くときに限って、前の日に先輩《せんぱい》たちが帰してくれなくて、「夜、付き合え」というようなことで引っ張り出されて、帰ったら夜中の二時半とかいうこともあるので、これでは予習なんかできやしないのです。もうできません。予習もできないというような、もう進退窮《きわ》まる状態です。

その上、来ているほかの人は、アメリカ人なのです。アメリカ人で、アメリカの大学を卒業して、銀行とか証券会社とかで働いて実務をやっている人たちなのです。実際のトレーダーたちが来ているのです。何年か仕事もやって、アメリカの大学を卒業しています。一方、こちらは、日本から来て、英語は何とかぼちぼち英会話をやっているあたりなのです。

向こうは予習をしてきているのです。会社のほうは、「研修を受けさせている」ということで、ちゃんと仕事を休ませてくれているし、予習をして、ちゃんとやっているのです。

さらに、予習をしているだけではなくて、「何をしているの？　君」と訊いたら、先生がしゃべっていることをテープで録音しているのです。今とは違《ちが》うものですけれども、録音テープというものがあって、テープで録音しているのです。「なんで録音するの？」と訊くと、「家へ帰ってこれを聴《き》き直して、ノートをきれいに完成させなければいけないからだ。あの先生の英語は難しくて分からない」と言っていました。アメリカ人が「分からない」と言っているのです。「英語が難しくて分からないから、テープで録《と》って持って帰って、自分のノートが正しいかどうか、ちゃんとキチッと手を入れて完成させる」というわけです。

アメリカ人がそんなに難しくてテープで録る必要があるようなものを、私が聴いて分かるわけがありませんし、予習もしていないし、する暇《ひま》がないのです。だから、もう本当に進退窮まりますけれども、あとは残っているのは度胸ぐらいしかないというところでしょうか。度胸、それから「guess《ゲス》」、推量ぐらいしかありませんので、もうあとはしかたがありません。頭の回転でも速くするぐらいしか方法がないわけです。

まあ、そんなものに出ていましたけれども、それでヘトヘトになって会社に帰ってきたら、仕事が溜《た》まっていて先輩にいじめられるというようなことがやはりいっぱいあったわけです。

そういうことで、とにかく「手持ちの悩みを減らす」ということに集中しました。〝消せるものは消す〟ということです。

だから、電話の場合は、基本的には即答《そくとう》できるものは即答するということにしました。それを「分かりました。明日《あした》までにお返事しますから」といった感じで持っていても、その間にいっぱいいろいろなものが入ってくるわけですから、これら全部についてどうすべきかを考えていたら、もう解決がつかないので、「電話を受けた段階で、即答できるものについては即答する。その場で結論を出してしまう」ということです。

それから、私に会いに来た人が、お天気の話をしたり政治の話をしたり、いろいろなことをフニャフニャフニャフニャ言っていて、「この人はなかなか解決がつかない人だな」と思ったら、適当なところで要点のところに話を持ってこさせます。「お答えしますから言ってください。今日の要件は何ですか。これでしょう?」と言って、「ああ、そうです」と答えたら、「私のほうではここまではできますが、これはできません。そして、こちらからのお願いはこうです。ご返事ください」と言うといった感じでしょうか。

向こうが虫のいいことだけを言ってきて、こちらからのものは何も聞く気がなく、何かお願いだけしに来ている場合、こちらからもお願いを逆に出すわけです。そうすると、向こうはたいてい答えられません。こちらがお願いを出すと答えられないので、「それについては相談しなければいけませんので、支店に帰って相談して、本店とも相談して……」と言ったら、次、その答えが返せるまで向こうは来られやしません。こちらは即答ですけれども、向こうは答えられないのです。だから、帰っていきます。

その日にできることはその日に済ませ、「持ち越《こ》し」を少なくせよ

このように、サッサ、サッサと片付けていかないと、できないのです。

そういうふうにして、一個一個いろいろな問題に対して、「即答できるものは即答する」、あるいは、「今日中に答えられるものは今日中に答える」というふうなかたちで、シャッシャッシャッシャッと切っていって、要するに持ち越《こ》しを少なくしていくのです。その日できることはその日に済ませてしまう。これは「役所の法則」と正反対の法則です。

「明日できることを今日するな」というのは、役所で最初に教わることの一つ

です。今日してしまったら、明日の仕事がないからです。毎日仕事があるように見せなければいけませんので、「明日できることは今日しない」というのが「役所の法則」です。

それから、「三回ぐらいお願いに来るまでは何もするな」という、こんな法則もあります。

あと、「自分がいなくなったら仕事が分からないようにしておけ」という法則もあります。自分がいないときに、どうしたらいいか、みんなには分からない。そうすると、「あの人は必要だ」ということになるから重要感が増すということで、ほかの人では代わりができないようにしておくというのです。

でも、これらは普通《ふつう》の、効率的に仕事をしようとする民間とは全部正反対のことです。

組織というのは、基本的に自分がいなくてもできるようにしていかなければいけません。つらいことですし、自分がいなければできないようにしたいけれども、「自分しかできない」と考えるのは職人なのです。

職人は、「もう自分しかできない。ほかの人には絶対に任せられないので、絶対に自分でやる」と言います。だから、スイスの時計職人のように「腕《うで》がいい」とかいうふうな人になったら、一年間に時計を一本だけつくります。一年間かかって一本だけつくるのです。その時計一本をつくるためにかかった時間数が、その時計の値段に変わるわけなのですけれども、その代わり、ほかの人には任せられないし、大量につくることはできないというわけです。

けれども、組織で生きていくためには、そういうわけにはいかないところがあります。そういう職人肌《はだ》の人も使わなければいけないところもあるけれども、全体に関しては、そうではいけないところがあります。

「明日、突如《とつじょ》、誰《だれ》それが転勤する」とか「誰それが結婚《けっこん》する」とか、いろいろなことがあっても、組織としては回っていかなければいけないわけです。病気が流行《はや》って休んでしまうとか、死んでしまうとかいうことだってあるわけで、ギリギリで回していたら、とたんに回らなくなります。こういうときに、伸縮《しんしゅく》自在にこれを調整してくれる人がいたら、すごく楽は楽でしょう。そういうことが狙《ねら》うところです。

私の本にときどき書いてあることで、ちょっと自慢《じまん》めいて聞こえたら申し訳ないのですけれども、私が転勤していろいろなところへ行くと、「しばらくすると仕事がなくなっていく、スーッと消えていく」という現象がどこでも起きてきたということがあります。だから、仕事というのは、あると思えばあり、ないと思えばないのです。

転勤した際、私の前任者とちょっと時期が重なっていて、やっていたときのことです。

決算の時期などになったら、経理が遅《おそ》くまでやるのはよく分かるのですけれども、財務まで夜中の十二時までやっていたので、「なんで、こんな夜中の十二時までかかるんだろうな」と思っていたら、計算が合わないからなのです。計算が合わないから、何回も何回もやり直しをしていて遅いわけです。その人がチョンボするために、全部もう一回やり直しということが繰《く》り返し繰り返し起きるのです。

そういう、ちょっと仕事の間違いが多く、仕事の遅い先輩がいましたけれども、その人が転勤してくれると、六時で終わるようになりました。本当は六時より前に終わっているのですが、六時ぐらいまではやっているように見せないといけないからということで、やっていました（笑）。

計算間違いをしてくれなければ、ちゃんと数字がピシッと合うのです。合えばそれで終わりなのですが、間違うから、何度も何度もやっているわけです。そのころは、数字を叩《たた》く計算機で、紙がビーッと出るものですけれども、もう十何メートルもワーンと出て、「いったいどこが間違っているんだ」と言って、何回も何回もやっていました。合わないということでやっていたのです。

このように、「仕事というのは一定の時間、これだけかかるものだ」というのは先入観で、そんなことはありません。速くやろうと思えば速くやれ、遅くやろうと思えば遅くやれるものです。だから、ほかにしたいことがある人は、仕事を縮めてやらなければいけないということです。そういうことがありました。

ほかの人の目を害さず、「水」のように仕事をすることの大切さ

あとは、上司から言われたこととしては、「転勤して次の職場に行くときに、あまりいい格好をするな」「仕事ができるように見せようとするな」というようなことはよく言われました。「そうしないほうがいいから」というようなことを

言われて、私としてはちょっと意味不明だったのです。とても忙《いそが》しいところも多かったので、その意味が分からなかったのです。

例えば、東京から名古屋《なごや》へ行くときでも、「仕事がよくできるように見せようとするな。君も、仕事が速いとか、できるとか、完璧《かんぺき》だとかいうように見せようとするな。普通にしていなさい」というようなことを言われて、「変なことを言われるな」と思って行ったのですが、そう言うから普通にしていたら評判がどんどん上がって、人物までよくできた人のように言われ始めたので、「ああ、そんなことがあるのかな」と思ったのです。

けっこう完全主義者的な傾向《けいこう》を持っている人だと、「自分がミスするのは許せないし、確かに、できるところを周りに証明したいし、そう言われたいし」ということで、自分一人が踊《おど》っているように見える場合もあります。

そういうことで、「本当に仕事ができるようになってきたら、水のようにやらなければいけない。静かにスーッとやっていかなければいけない。周りから『よくできている』とか『あの人はものすごくやるな』とか『やり手だな』なんて思われているうちはまだまだで、本当はスーッと水のようにやらなくてはいけないので、できるように見えてはいけない。そう見せないで、スッとやりなさい」というふうなことを言われてやってみたら、そのとおり評判が変わってくるので、「なるほど、そういうものか」と思いました。ほかの人の目を害してはいけないわけです。

組織というのは、基本的には、自分ができることを証明するところでもないし、自分がいなければできないものでもないので、ほかの人でもやれるようにはなっているのです。交替《こうたい》してやっていけるようになっています。

そういうことをいちおう頭のなかに入れた上で、自分なりの仕事の見切りをして、「このくらいの仕事を、このくらいの速度でやっていく」「これはこういうふうに片付けていく」「これについては解決がつかない」とかいう判断をしていくことが大事です。

「プラスアルファ」のストレスに耐《た》えられる力を身につけるために

そして、プライベートで、仕事以外に「プラスアルファ」でしなければいけないことがいろいろと出てきますので、それとどうやって両立させるかということを合理的に考えていくことが大事です。

そのプライベートな部分にエネルギーがかかるときもあります。そういうときは大変でしょう。

例えば、海外に行くときも、引っ越しから大変ですし、向こうで生活ができるようにするのに慣れるまでが大変です。何がどこで手に入るか、売っているかも分からないからです。

はっきり言えば、私が経験したことでも、海外に行ったときは、下着はどこに行ったら買えるのかが分からないし、サイズが日本の表示と違うため、どのサイズが合うのかも分からないというようなことがあり、やはり、そんなことでもけっこうプレッシャーになりました。

また、いろいろなチューブが売っているけれども、これを絞り出したら出てくるものが、歯磨《はみが》き粉なのかそうでないものなのかがよく分からないのです。「これはいったい何なんだ。どこに使うものなんだろうか。もしかしたら靴磨《くつみが》きだろうか。歯磨き粉だろうか。いったい何なんだ」と、分からないようなものがいっぱい売ってあります。

あるいは、日本食の料亭《りょうてい》のようなところへ行っても、出てくるのは日本にあるような食材ではありません。偽物《にせもの》です。まったくの紛《まが》い物です。日本人ではない人たちが、東洋系の顔をしているというだけで日本食料品店を名乗って物を売っているけれども、「豆腐《とうふ》」という名の豆腐ではないものを売っています。別のものも一緒《いっしょ》です。「醤油《しょうゆ》」という名の醤油ではないものを売っています。

そういうふうに食材が違っていて、ほとんどが偽物です。ちょっとだけ似ているけれども全然違うというものをいっぱい売っているので、思うようにいかないようなことがいっぱいあって、そんなイライラがいっぱい溜まってくるのです。

それから、不動産案件でも、不動産を探したりするのにもけっこう思うようにいかないのです。日本と同じようには、思うようにいきません。

だいたい、ゴミ捨て場だって分かりはしないのです。最初は、いったいどこに捨てたらいいのか分かりませんでした。

私の前任者が「ここにゴミを捨てたらいい」と言った所にゴミを捨てていったら、その翌日に私のところに電話がかかってきて、「とうとう犯人を見つけたぞ」と言われたことがありました。「警察を呼ぶから、おまえ、突《つ》き出してやる」という脅迫《きょうはく》電話のようなものがかかってきて、こちらは全然分からないので、びっくりしてしまったのです。前任者は自宅の電話のメモ帳などに名前とか電話番号とかを書いていたので、たまたまそのメモがゴミのなかに入っていたのを向こうは見つけたようなのです。

私のほうは、海外に行ってすぐで英語があまりしゃべれないのにワンワン言われて、とにかく「警察を呼ぶ」と言っていることだけは分かったので、「これは大変なことになるな」と思いました。

それで、「それは別の人だ。その人の名前は違うだろうが。私じゃないんだ。私の名前はこういう名前で、ちょうど今日、日本から来たんだ。そのゴミについては、私に責任は全然ないんだ。別人なんだ。その人は今、飛行機に乗って日本へ飛んでいるんだ。だから、私の責任じゃない」と、もう一生懸命《いっしょうけんめい》にそればかり言っていたら、向こうが「アイム・ソーリー」と言い始めたので、「はあ！　助かった」と思ったけれども、ゴミ捨て場が分からなくて本当に困りました。日本のような町内の回覧板といったものもないし、町内会もないから分からないのです。全然分からないので、そういうストレスがいっぱい来ました。

海外では、結婚している人などもけっこう苦労していたのではないかと思います。

家の引っ越しをしたり、いろいろなことがあるのですけれども、会社の仕事が遅いと奥《おく》さん任せになってしまいます。ところが、奥さんのほうが英語があまりしゃべれなかったり、事情が分からないからノイローゼになったりすることもあるのです。また、子供を学校へ行かせるのでも、日本の学校へ行かせるようには簡単にいかなくて難しいのです。面接があるし、どこへ入れたらいいのかが分からないなど、いろいろなストレスが何倍もかかってきます。

だから、そうした過重ストレスに耐《た》えられる力を身につけていかなければいけないのです。

そのためにはどうするかというと、やはり、手持ちの悩みを減らしていく方法を身につけなければ駄目だということです。

忙しいことを誇《ほこ》りにしていてはいけなくて、その忙しいものを消し込んでいくことが大事なのです。「忙しすぎるビジネスマンは早死にする」と思っていなければいけないわけで、「いかにして、忙しくしないようにしていくか」ということです。余裕《よゆう》をつくっていくことが大事なのだということです。

そうしないと、「プラスアルファ」が何かのときに乗ってきたときに、急にできなくなります。あっという間にできなくなるので、プラスアルファが出てきたときに、それを吸い込んで〝スッと消せるだけの力〟を持つことが大事になります。

そのためには、日ごろから、いろいろな部署でやっている仕事とか会社の方針とか、さまざまなものを察知して見ていくことも大事です。今やっている仕事以外のところも、少しずつ少しずつ見たり聞いたりしながら学んでおくことも大事です。

「自分がやっている仕事以外のことについて、もし、『これをやれ』と言われたときに、自分はどうするか」とか、そういうことまで考えていなければいけないのだと思います。

4　悪霊《あくれい》、悪魔《あくま》が入り込《こ》む「心の隙《すき》」をつくらないために

手持ちの問題を持たず、「一日一日、終わらせていく」姿勢

とにかく、知っておかねばならないことは、心が千々《ちぢ》に乱れる、あるいは千々まで行かなくても、二つ三つ四つと幾《いく》つかの問題で引っ張られたときに、あっという間に人間は判断能力を失って、そこに「心の隙《すき》」ができるため、宗教的にも、悪霊《あくれい》、悪魔《あくま》が入ってきておかしくなってくるということです。言動がおかしくなって、過激な言動もするようになります。

過激な言動をすると、今度はまた、その反作用が返ってきます。

「おまえ、ああいうことを言ったじゃないか」と言われて、「いや、あのときは、

ちょっと心に隙ができて魔が入り込《こ》んで、私は怒鳴《どな》ってしまったが、あれは私の本心ではございませんでした。あれは私ではなくて、別の悪魔が来てあなたに対して怒鳴ったことであって、私が言ったのではありません」と言っても、この世では通りません。

「いや、悪魔も含《ふく》めておまえだ」ということで言われるわけですから、「その悪魔と同通していたんだろう？　だから、おまえなんだ。おまえの意見なんだ」ということで、責任は取らされます。

そういうふうに「心の隙」をつくらないように、常に、〝手持ちの在庫〟〝問題の在庫〟を減らしていくための方法を考えていくことです。

そのための方法の一つは、先ほど言ったように、まずは書き出してみて、それを整理してみることです。そして、できたら難易度をよく見て、「簡単に片付けていけるものか、片付けるのが難しいものか、どうなのか」を見て、消し込めるものは消していくのです。手持ちを減らせば楽になります。基本原則はそういうことです。

私は今、宗教の仕事を始めて三十五年ぐらいになります。専業になって三十年ぐらいになりますけれども、だいたい基本的にはそうであり、いまだに、「手持ちの問題をあまり持たない」ということが基本になっています。「一日一日、終わらせていく」ということを基本にしているのです。終わらないものもありますけれども、それについては習慣化して、「一定の期限で、だいたいそれが終わるようにしていく」という習慣をつくるように努力しています。

「一日の苦労は一日にて足れり」と言いますけれども、「一日でできることは終わらせてしまう」ということが大事なのではないかと思っています。

そういうことを積み重ねていくと、いつの間にか膨大《ぼうだい》な仕事ができることになるのです。こういうことを、一つひとつレンガを積み上げるようにやっていけば膨大な仕事ができますが、いきなり三千回の説法《せっぽう》をしようとしてもできるわけではありませんし、いきなり二千冊、三千冊の本を書けと言っても書けるわけがありません。

それはみんな、一冊ずつだし、一本一本だし、一個一個の仕事です。

ただ、毎日毎日、浮《う》き沈《しず》みして、いろいろなことがあったり、いろいろな問題が入ってくるなかで、それを片付けながら、隙間の時間があったら、「今日、自分にできることは何か」ということを考えて、とにかく今日できることを、簡単なものも、中ぐらいのものも、難しいものもあるけれども、一部分でも消し込んでいくことです。消し込んでいくことで、前に進んでいきます。

自分を過大視して、絶対視して、すごく巨大《きょだい》に理想化することは簡単ではあると思うのですけれども、現実は、急流を下っている木の小さな舟《ふね》のようなものであり、本当に竿《さお》一本で天竜川《てんりゅうがわ》あるいは京都の保津川《ほづがわ》の川下りをするようなものです。竿一本で岩を突《つ》いたり、底を突いたりして針路を変えながら下っているようなものであるので、積荷は重くしすぎてはいけないし、客が乗りすぎてもいけません。自分のできる範囲《はんい》内で、上手に片付けながら下っていかなければいけないということです。

すぐには解決できない問題に対しては、「時間管理」「細分化《さいぶんか》」「見切り」も大事

自分の性格があまり粘着質《ねんちゃくしつ》の性格の場合は、気をつけないと、「ずっと同じことばかり考えすぎて、ほかのことについてはもう思考が止まってしまう」ということがあります。これには気をつけていただきたいと思います。

すぐには解決できない問題で、重要な問題があることもありますが、それを考える時間は、「これについてはこの時間に考えよう」というように、自分でもう

少し管理したほうがいいと思うのです。

例えば、「これについては、夜、お風呂《ふろ》に入っているときに考えよう。ほかの時間にはもう考えるのはやめよう。お風呂に入っているときだけこの問題について考えて、あとはほかのことを考えて、ほかのものを処理していこう」というふうに「時間管理」をすることも大事です。

そういう「問題集」あるいは「借金の山」「課題の山」をいきなり解決しようとしてもできやしないことなので、とりあえず、少しずつ少しずつ切り取って小《こ》刻《きざ》みにして、屋根の雪を下ろす方法と一緒《いっしょ》で、小さく「細分化《さいぶんか》」して消していくことを努力したほうがいいのです。

冬になると、今、暖冬だとか地球温暖化だとか言っているけれども、東北に行ったら、放っておけば屋根に雪が二メートルも積もることもあります。

もう若い人がいなくなって、おじいさん、おばあさんだけになっていて、屋根の上に上がって二メートルの雪を下ろそうとしたら、自分のほうが〝下ろされて〟しまって、滑《すべ》り落ちて骨折とかいうことがよく起きています。自衛隊員でも来てくれなければ、できないようになっていることが多いでしょう。

それを重機《じゅうき》、大きな機械を使ってまとめて取ることもできますけれども、全部いっぺんに取ることはほぼ不可能ですので、小さく小さくレンガのように切って落としていくしかないものだと思います。

しかし、片付けようと思えば、確実に減っていくものでもあるというふうに思うのです。

あとから降る雪のほうが多くて、片付けても片付けても、また積まれていくということもあるかもしれませんが、そういうときは、最悪のことを考えるしかもう方法はありません。

最悪は、家が潰《つぶ》れるということです。「レスキュー隊は来ない。どう見ても来ない。家は潰れる。この重みなら、もうもつわけがない」というなら、できるだけ、金目《かねめ》のものは早めにひとまとめにして風呂敷《しき》にまとめて、長靴《ながぐつ》を履《は》いて、潰れる前に家から逃《に》げることです。もうしかたがないのです。家を諦《あきら》めるしかない。金目のものを持って、潰れない所に逃げるしか方法がありません。

命のほうが優先でしょう。家だって捨てなければいけないときもあるかもしれません。地震《じしん》とか洪水《こうずい》とか、そういうときにも同じことはあるかもしれません。

優先順位を間違《まちが》えた人は、終わりになることは多いと思います。

だから、最後のときは、「これを捨てる、これを捨てる……」、これを捨て、最後、何を持って逃げるか」という問題はあると思います。「見切り」です。

例えば、「自分の親しい友達と、あまり親しくはないけれども顔は知っている程度の友達の二人が池で溺《おぼ》れていて、自分はボートに乗っている。親しくない友達が近くにいて、親しい友達のほうがちょっと離《はな》れている。だけど、もうそんなに長くはもたない。そういうときにどうするか」というような問題を出されることがあるわけです。

こういうときは、「両方は助けられない」ということがもう分かっている場合、「両方に死んでもらうか、両方を生かすかしたいところだけれども、両方に死んでもらうのは申し訳ない。しかし、両方を生かすことはできない。友情には濃淡《のうたん》がある。親しい人のほうを助けたい。でも、親しい人を助けに行くだけの時間はたぶんない。そうであれば、目の前で溺れている人のほうをまずは助けることになるかもしれない。これは申し訳ないけれども、親友よ、南無阿弥陀仏《なむあみだぶつ》だ」ということで、目の前の人を助けるほうを選ぶ。そのときの判断ですけれども、ちょっとでも、そのほうが問題解決にはなる場合もあるかもしれません。

5　「実務的知性」と「宗教的知性」の両方を上手に使っていく

「仕事ができる人」「組織を率いる人」へと自分を成長させるために

そういうことで、本章で私が言いたかったのは、「『宗教的知性で物事を判断できる、解決できる。神仏の心に則《のっと》った判断ができて、道が開ける』という考えもあるし、長い目ではそういうことも多いし、あるいは、宗教的な人が助けに来てくれる場合もありますが、そうならない場合もある」ということです。

その人の人生修行《しゅぎょう》の細々《こまごま》したことまで、いちいち天使が来て助けてくれたりはしないものだと思ってください。天使は試練を与《あた》える場合もあります。

そういうときには、学校で勉強したこと、あるいは実社会に出て経験したこと、いろいろなことを考え合わせて、自分のできるところから片付けていって負担を減らしていく、そういうことも大事なのではないかと思います。

私自身、考えてみても、宗教的にはまだまだ仕事は十分なところまで行っていないので、残念ですが手が届きません。手は二本、足は二本、頭は一個しかない、口も一個しかありません。

最初のころの数年間を見てみたら、自分の講演会だけでも教団を大きくしようとして頑張《がんば》っています。

しかし、それには限界が来ます。会場の大きさの限界というのがあって、同じ人がよく来るようになってきたら、だんだん信者を増やすことはできなくなります。そうすると、「組織」が必要になってきます。「組織」が必要になって、人を雇《やと》わなければいけない。そして、建物を建てなければいけない。支部を建てたりしなければいけなくなる。

そうすると、今度は「マネジメント」という問題が出てくる。だから、説法《せっぽう》ができていただけの人間が、次には経営というものができなければいけない。人が使えなければいけない。「ヒト・モノ・カネ・情報」、これが使えて初めて経営ができるようになります。「自分だけが仕事ができる」という問題から、次は、「人を使って大きな仕事ができるか」「ほかの人が集めてきたお金を使って大きくできるか」というような問題にも発展していくわけです。

いろいろなことを申し上げましたけれども、とりあえず、「目先の問題は細分化して片付けることを考える」、そして、「長い目で見て、大きく成長していくためには段階的に物事を考えて、イノベーションのときにはイノベーションをかけていく」ということです。

それから、「自分は仕事ができる」ということから、次には、「ほかの人も使って仕事ができる」「チームワークをつくって仕事ができる」ということが大事になってきます。そして、組織としてお金が貯《た》まってきたら、お金で時間が買えるようになって、いろいろなものの速度を上げることができるようになるということです。

また、自分ができたことや知識を、受験生などであれば隠《かく》しておくだろうけれども、組織を率いる者になってきたら、ノウハウをほかの人に教えて、ほかの人でもできるようにしていかなければいけないと知るということです。

こういうところで、だんだん「人間としての成長」が来るのだということです。どうか、そういう発展形態を経験して、楽しんでいただければ幸いかと思います。

その人の器《うつわ》以上には大きな組織はできませんので、「器を広げていくしかない」のです。その器をつくっていく努力については教科書はありませんので、最終的には、自分自身でそれを研究し、学んでいくしか方法はありません。

若いころは私も、いろいろな人に意見を訊《き》いても、訊く人ごとにみんな違《ちが》うことを言うので、いったい何をしたらいいのか分からなかったのです。

ただ、自分が実際に経営の一部ができるようになってきて、「自分なりの考え」というのができてくると、今度は、ほかの人に訊いても、「それを採《と》るか、採らないか」「参考までに聞いておくか」など、「自分としてはこうしたい」という意見が出てくるようになりました。そのうち、自分が「こうしたい」と言わなくても、今度は、私が思っているようなことを周りがやり始めるようになりました。

そういうふうに、いろいろなものが変化していったのです。

こうした発展段階がありますので、「実務的知性」と「宗教的知性」を分けて考えることもできますが、「補完し合う関係になることもある」ということは、どうか知っておいてください。

右脳と左脳で互《たが》いを補完し合い、失敗を少なく、成功を大きくさせる

戦後、いろいろな新宗教が生まれました。次から次へ、タケノコのように生まれてきたといわれていますが、できてもできても潰《つぶ》れていっています。そこには、この「実務的知性」のところでのつまずきは、たぶんあっただろうと思います。

「こういうことをやったら犯罪になる」ということを知らない教祖の場合は、刑務所《けいむしょ》行きになっています。それは、やはりこの世的なことについての能力が足りないからだと思うのです。お金も必要だけれども、「これをやったら犯罪になる」ということを知っていたら、それをしないで済むこともあります。知らなければ、犯罪になります。

そういうことで、この「実務的知性」と「宗教的知性」を上手に補完関係に持っていくようにして大きくしていくことは、大事なのではないかと思っています。

今、当教団に必要なこともこれだと思うのです。「実務的知性」と「宗教的知性」の両方が必要でしょう。

政党（幸福実現党）で立候補者が出ますけれども、例えば、東京正心館《しょうしんかん》で、私が政治についての話をして、質疑応答の時間があったとしましょう。そして、「手を挙げたら、総裁が当ててくれた。総裁が当てて、全国衛星中継《ちゅうけい》で顔が映った。総裁が当ててくれた人が立候補したら、落ちた」というときに、「総裁が当てたのに、なぜ落ちたんだ」と、宗教的知性だけで考えると、そういうふうに思う人はいます。「総裁の目に留《と》まったぐらいの人だったら、それは光の天使じゃないか。当選して当然じゃないか」と思うかもしれません。

しかし、そうではないかもしれない。その人がこの世的に非常に派手な格好をしてワーッと言って看板を揺《ゆ》すっているから、「これは当てないといけないな」と思って当てただけかもしれません。「君は当選するから」ということで当てたわけではないのです。

そのへんを見分ける知性がないというのは、これは実務的知性がない場合です。「この人はやはり行動がおかしいよ。これでは受からないのではないですか。特に国政などはちょっと無理ではないですか。これだと、うーん、どうでしょうね。せいぜい、ずっと小さなレベルの政治ではないですか」というように、「どのくらいのレベルまで届いているか」ということを見るのには、かなり実務的知性は要《い》るだろうと思うのです。相対立《あいたいりつ》したりすることもあるけれども、補完し合う関係にすれば、もう一段、失敗は少なく、成功が大きくなるのではないかと思います。

どうか、「実務的知性」と「宗教的知性」の両方を上手に使ってください。

宗教的には、インスピレーションを受けたりする能力というのは、芸術頭脳、右脳のほうが関係するのです。絵とか音楽とか詩とか、そういう宗教的インスピレーションは右脳のほうが関係することが多いので、私も右脳型人間だと思っていました。しかし、実は左脳のほうもすごく発達しているらしく、そちらのほうは、学校の勉強とか、社会に出て実務をやってきたことや勉強などで鍛《きた》えた部分が、そうとうあるのです。

だから、実際、右脳のほうでカバーし切れないものは、左脳のほうでカバーできるところがあるということです。

逆もあります。左脳のほうでカバーできない、要するに、この世的に考えてどうしてもできないことは、右脳のほうを使って、宗教的にあるいは芸術的に、それを実現する方法がある場合もあります。

こういうことを、ときどき考えてみてください。そして、自分や自分を取り巻く環境《かんきょう》を前進させる方法を見いだしてくだされば幸いです。

第3章

光明《こうみょう》思想と泥中《でいちゅう》の花

――真に成功するための「心の力」の使い方――

二〇二一年十月八日　説法《せっぽう》

幸福の科学　特別説法堂にて

1　私の性格のなかの一部にある「光明《こうみょう》思想」とは

今日の話は極《きわ》めて基本的であり、当会の教えはたくさんありますけれども、初期のころから貫《つらぬ》いている、シンプルだけれども大事な教えです。あまり複雑にものを考えすぎるようになったら、もう一回、立ち帰るべきところかと思っておりますので、これについてのお話をしておきたいと思います。

世代が替《か》わっていますので、昔は当たり前に言ったことが、今はもう何が重要か分からなくなっている可能性もあると思うのです。今の若い人とかだったら、「え？　『光明《こうみょう》思想』って何だ？　何それ」というようなことだってあるかもしれませんので、基本的なことをおさらいしつつも、自分の考えがどのへんのところにあるかをお話しできれば幸いかと思っています。

今、「天狗《てんぐ》的な考え方」の戒《いまし》めもだいぶ説いていますので、ややもすると、光明思想そのものを否定しているように見えるかもしれませんが、否定しているわけではありません。応用問題として、光明思想だけでやっていると〝落とし穴〟に落ちることがあるので、そのへんを直しに入っているだけのことです。

さて、「光明思想はそもそも私がいつごろ持つようになったか」ということですが、すでに高校時代ぐらいのころには、ちょっとそんなふうな言われ方はしてはいたかなと思っています。

高一のとき、休日に担任の先生の自宅に友達四人ぐらいで呼ばれて、ご飯《はん》をごちそうになったりしたこともあるのですけれども、先生の奥《おく》さんの意見によれば、私は「もう本当に楽天家ですねえ」という感じの言われ方をしたので、自分では「ああ、楽天家なんだ。そんなふうに見られているんだ」と思っていました。それが、外側から見た一般《いっぱん》的な印象かなと思っています。

ただ、最近いろいろ出している詩集とかその他の本とかを見れば、中学や高校時代で、かなり繊細《せんさい》に物事を感じ取っていったり、自分を責め苛《さいな》んでいたり、落ち込《こ》んでいたりするようなこともけっこうあったことはあったので、「意外に、そうは見えないらしい」ということは感じていました。

だから、教わったわけではないのだけれども、基本的には、そうした楽天家で、光明思想的な、物事の明るい面を見ようとしている人に見えていたように思われますので、私の性格のなかの一部に確実にあるものだと思います。

今もそうです。私はやはり、「神が創られた世界は美しい」と思ってはいます。基本的に、「そういうふうに見えなくなったら、ちょっと自分も危ないな」というふうには思っているのです。

神の創られた世界は美しい。

ただ、人間の所業によって、ときどき悪意の炎《ほのお》が煙《けむり》を出して、世界が一時期暗く歪《ゆが》んで見えるときもあることはあります。そういうときは、お掃除《そうじ》しなければいけないというか、台風のように払《はら》い除《の》けなければいけないときもあるかなとは思っていますが、基本的には、「世界は素晴《すば》らしくできているし、生命は今、それぞれに魂修行《たましいしゅぎょう》をしながら、より素晴らしい人生を生きようとして、みんな努力している」というふうな世界観は、根本的には持っています。

2　落ち込《こ》んだときに役に立つ「光明《こうみょう》思想」

「光明思想」とは言えない感じが出てきて苦しんだ大学時代

ただ、この世の考え方は複雑で、いろいろな局面が出てきますので、局面局面で、考え方を新しく出さなければいけないものもあることはあります。

高校時代ぐらいもそうでしたが、大学に入ってからは、必ずしも「光明《こうみょう》思想」とは自分でも言えないような感じが出てきました。傷ついたり落ち込《こ》んだりすることもけっこう多くて、詩や小説に書いてもあるのですけれども、そういう面も多々ありました。その意味で、人と会うと、傷つけるか傷つけられるかになること、あるいは両方起きることも多くて、やや怖《こわ》がる面も出てきたような気はいたします。分かってくださる方は分かってくださるのですけれども、ちょっとこれで苦しんではいました。

しかし、私の父は、「周りに全部合わすのは、もう無理なんだ」というようなことで、「人間には『型』というのがあって、『自分はこういう型の生き方をしている人間だ』ということを周りに理解してもらえればもう認めざるをえないので、おまえは、この型を知ってもらえばいいんだ」といった感じのことは、アドバイスとしては言ってくれていたような気がするのです。

「『あいつは、ああいうやつなんだ』ということで、変えようとして変えることもできないので、それはある程度のところで認めてもらい、『付き合いの範囲《はんい》とか程度とか意見とかをどういうふうに受け止めるべきか』というのを、『こいつは、こういう型のやつだから』というふうに思ってもらうしかないんだ」というようなことも言っていたのです。

さらに、父親からは、「人間、そんなに早く丸くなったら駄目《だめ》なんだ」というようなこともずいぶん言われていました。「早いうちから真ん丸くなってしまったら、もう本当にただの平凡人《へいぼんじん》になってしまう。若いうちは尖《とが》っていていいんだ」というようなことはずいぶん言われていたのです。

金平糖《こんぺいとう》という昔からの砂糖菓子《がし》がありますが、あれはギザギザが飛び出しています。今のコロナウィルスの形にやや似ているので、あまりよろしくないたとえかもしれませんが、金平糖はギザギザで尖っているけれども、あれが、ただ丸い甘《あま》いお菓子であるだけよりも、あの尖っているところにある種の味わいがあることは事実です。

ほかの方もそういうことを言ったことはあるのですが、「金平糖が尖っていて、それが気になってしょうがないところもあるだろうけれども、人生のなかで転げているうちに――石が丸くなるのとは、比喩《ひゆ》としては若干違《じゃっかんちが》うとは思うのですが――金平糖の突起物《とっきぶつ》の間に隙《すき》がある部分がだんだんに人生経験で埋《う》まってきて、練れてきて、次第《しだい》に年とともに丸くなってくるのが望ましいんだ」というようなことで、父親はむしろ尖っているほうを推奨《すいしょう》していて、「そんなに簡単に人間として完成するなかれ」というようなことを言っていたのです。

「覇気《はき》のない人間は駄目なんだ。やはり、若くてやる気があって覇気があって、角《つの》を出してぶつかって、叩《たた》かれて、戦いながら自分の道を駆《か》け上がっていくぐらいでいいんだ。あまりに早く、誰《だれ》からもほめられるようないい人になってしまったら駄目なんだ。尖っているのはいいことだ」ということを言ってくれましたが、自分もそうであったから言っていたのだろうと思います。

上京による〝第一次留学〟で感じた都会人への引け目

しかし、大学時代ぐらいは、そのへんの自分のとんがりのほうが気になってはきていました。みんなはもうちょっと「sophisticated《ソフィスティケイティド》」といいますか、洗練された部分がある人たちも多くて、特に都市部のいい家の育ちの方等は、言葉選びとかしぐさ、振《ふ》る舞《ま》い、受け答え等にけっこう洗練されたものがあって、「田舎《いなか》っぺの鈍臭《どんくさ》い、竹槍《たけやり》で突《つ》いてくるみたいなのはどうにかならないのか」という感じの恥《は》ずかしい思いをしたことはたくさんあります。

「田舎っぽいところも、まあ、それはそれで味があっていい」というふうに達観して見てくれる方もいるので、それはそれでありがたいのですが、本当に知らなくて、「『こういうときにどうするか』は知らない」というものがけっこうあって、あとで「恥ずかしいなあ」と思うようなこともずいぶんありました。そういうことで、「えぐれる」といいましょうか。

今は私も「東京人」と思われているから、あまり言うのはちょっと面映《おもは》ゆい感じではあり、東京生まれ・育ちの方から見るとちょっと笑えるのですけれども、地方から上京してきた「東京下宿組」というのは、やはり明らかに違うものがあるのです。異文化体験をしているのです。

これは留学の一種であり、〝第一次留学〟が国内留学なのです。これが第一次で、東京のほうは、田舎のものの考え方・見方や、親の考え・見方とは違うのです。ここで〝第一次留学〟をしているのです。

今度、東京からさらに、例えば海外へ行くとなると、これが〝第二次留学〟になるのですが、海外は遠いのです。田舎から東京へ出てくるだけでもけっこう大変だったし、適応するのはけっこう大変で、適応障害を起こさないように生きていくのは大変だったのに、外国に行ったら行ったで、これはまた、「次の留学はけっこう難しい」というようなハードルに感じました。

しかし、私のころなどでも、東京生まれの方は、海外がそう遠くには感じていなかったのです。やはり、そんなに難しいことではなくて、ゆとりのある家庭とか、あるいは職業の方の場合でしたら、家族で海外に行っている経験を持っているる方がいっぱいいらしたので、「ああ、ずいぶん違うんだなあ」というふうなことを思いました。

お父さんの職業によっては、そういうふうに海外帰りの方もいました。今となっては、自分としては面映《おもは》ゆくて言えないけれども、例えば外交官とか商社とか、大きなメーカーとかでも海外駐在員《ちゅうざいいん》がいますし、銀行もありますけれども、そういうことで、海外のいろいろな所、「ロンドンに三年いた」とか「ニューヨークに何年いた」とか「ブラジルにいた」とか「イタリアにいた」とか「フランスにいた」とかいう人がいるわけです。

それを見たら、明らかに違いがあるのです。「ああ、そういうことは知らないなあ。親から聞いたこともないし、友達からも聞いたことがない」というものがいっぱいあって、それで恥ずかしい思いもずいぶんして、まずは立ち居振る舞いから指摘《してき》を受けるようなこともずいぶんありました。

そうすると、やはり落ち込むのです。田舎のほうでは、ある程度、優等生気分はないわけではなかったので、いちいち手取り足取り、いろいろなところを言われて、落ち込むということはありました。

これは学生時代だけでは終わらないで、会社に入ってからもやはり落ち込みました。いろいろな作法があって、「そんなこと、知らないな。聞いたことがない。習ったこともない」ということで、世界の情勢とか、社会の経済の動きとか、こんなところまで、親のほうが言えるような立場ではなかったから分からなかったのです。「いや、そんなことがスースー分かる人というのはすごいな」というか、「いわゆるハイレベルのクラスの方なんだろうな」と思って、ちょっと引け目も感じ、武骨であるということの寂《さみ》しさとうらぶれた感じもありました。

二〇一一年に映画化もされましたが、司馬遼太郎《しばりょうたろう》が土方歳三《ひじかたとしぞう》を描《えが》いた『燃えよ剣《けん》』を読んだら、新撰組《しんせんぐみ》はもう田舎剣法で、八王子《はちおうじ》辺りの百姓上《ひゃくしょう》がりの人たちがつくった道場にいるのです。本当は武士ではなく、もとはみんな百姓で、百姓が武士のまねをして剣道場で練習していたというあたりが中核《ちゅうかく》になっています。

だから、本物の武士というか、「北辰一刀流《ほくしんいっとうりゅう》」とか正統派の流派で学んできた人たちがだんだん新撰組に入ってくるのを知ると、何かちょっと押《お》される感じがあったのでしょう。今の高学歴の人に「地方の名もない大学を出て」といった感じで押されるような、そんな感じを持っているのをどうやって克服《こくふく》するかが、けっこう大事な、大変なことだったのだろうと思いますけれども、私にもちょっとそんなところはありました。

普通《ふつう》は「問題」に対しての「解決」なのですが、「戦うべきところではないレベル」のところの「常識論」でつまずくことが多くて、ちょっとえぐれることはえぐれたのです。

ルイ・ヴィトンも知らず、文学の才能もないと思っていた若いころ

当会の映画や、私が書いたもののなかにもあったかもしれないけれども、若いころの話で「ルイ・ヴィトンも知らない男が」という感じの歌もありました。あれは実際に私が言われたことです。名古屋《なごや》時代に、思いを少し寄せている方から「あなたはルイ・ヴィトンって知ってる？」と訊《き》かれ、「いや、知らない」と答えたら、「だと思った」と言われたのです。ニューヨーク帰りで、ルイ・ヴィトンを知らなかったのです。

五番通りを歩けば、店は出ているのです。ルイ・ヴィトンの店はあるのですけれども、素通《すどお》りしているだけだから、全然、何をやっているか、何を売っているかなんて知らない。関心もないし、入ったこともないから、知らないのです。

「ルイ・ヴィトンも知らない男」ということで、「ああ、かなりそういうふうに

見られているのだな。まったく、そういうブランドも知らないし、そういうセンスもないと思われているのだろう」と思いました。

そういうことで、映画をつくってからもまだ、そういうふうに尾《お》を引いていたのですけれども、最近、その話をしてみると、「昔の写真を見たら、けっこういい格好をしているじゃないですか」と女子秘書とかに言われたのです。

「これは何を着けているんですか?」と言うので、「ああ、僕《ぼく》はエルメスしか使わないので。ネクタイもエルメス、香水《こうすい》もエルメス、全部エルメスです」と言ったら、「エルメスを使っているのでは、ルイ・ヴィトンになんか行っていられない。もっと上ではないですか」と言われました。「ああ、そうなのか。知らなかった。エルメスしか合わないので、エルメスばかり使っていました」と言ったら、「えーっ! 新入社員からエルメスですか?」と逆に言われたのです。「ああ、そうなの? みんなエルメスは使わないの?」という感じで、自分に合うか合わないかだけで選んで、エルメスのネクタイをして香水を使っていたので、ルイ・ヴィトンは試《ため》したこともなかったということではあるのです。

そんなことが半世紀もたってからいろいろと出てきたりするようなこともあるのです。ブランドの上下《うえした》なんて考えてもいなかったし、重要感も持っていなかったこともあるので、そんなこともあります。

だから、自分では、そんなことも分からない武骨者の田舎者だと思っておりながら、周りには「こいつ、いい格好しやがって。何を言うか、偽善者《ぎぜんしゃ》め」という感じで見ている方も、たぶんいたのかなというふうには思います。

それから、大学時代は、わりあい、すごく傷つきやすかったし、自分の評価が低かったので、勉強もできないと思っていました。今は、小説とか詩とかでいろいろ出てきていますし、変な俳句集まで出してきたりしているのですが、それがそんなにいいものだとは思っていなかったから、本当に置き去りにして、四十何年も〝寝《ね》かせて〟いたわけです。

「自分に才能がある」と思っていたら、もうちょっとPRしたり何かしたとは思うのですが、小説を書いたり詩を書いたりしても、「こんなものは、読んでくれる人もいなかろう」というぐらいの、暇《ひま》な人の戯言《たわごと》のような感じぐらいで思っていたのです。

それが半世紀もたって出版できて、今は、例えば紀伊《きの》國屋《くにや》書店の方などが『小説　去れよ、去れよ、悲しみの調べよ』とか『小説　地球万華鏡《まんげきょう》』とかの小説を読んで書いてくださった感想が報告書に入っていることもあるのですが、書店の方が書く感想はやはりひと味違っています。プロだから作品はずいぶん読んでいるので、ちょっと切れ味が違うのですが、「ああ、そういうところに

『小説　去れよ、去れよ、悲しみの調べよ』（宗教法人幸福の科学刊）

『小説　地球万華鏡』（幸福の科学出版刊）

気がつきますか」といったところを書いていて、こちらが見ても驚《おどろ》くような感想が出ているのです。

そのプロ筋《すじ》の方が半世紀後に見て、「これはほかのとはひと味違うもので、現代ではもう、ちょっと読めないような文章が発掘《はっくつ》された」という感じで見てくださっているのを知り、「いや、昔の私も悪くなかったのかな。ああ、そんなにバカでもなく、才能がなかったわけでもなかったのかな」というようなことを今ごろになって気づくほど、鈍《にぶ》いと言えば鈍いところもあります。

光明《こうみょう》思想とは、「〝光の当たっている自分〟のほうを中心的に見よ」という考え方

また、会社で仕事をしていても、本当に仕事ができるのやらできないのやら、自分でよく分からないところもあって、できたと思うときにはもうケチョンケチ

ョンに言われることもあるし、大してやっていないので「今はサボっているんだけどな」と思っているときにほめられたりすることもあったりして、「何だかもう、世の中がよく分からない。どんな基準で判断しているのだか、もうさっぱり分からない」ということもありました。

それから、大学の何年か上の先輩《せんぱい》が「とにかくこいつは、頭を叩いて叩いて〝モグラ叩き〟をして縮めておかないと、もうぶつかってぶつかってして、先輩・上司から潰《つぶ》されるかも分からない」と思って、老婆心《ろうばしん》から、あれもこれも、舅《しゅうと》、小姑《こじゅうと》のようにいっぱい言ってきました。呼び出して、「ちょっと酒でも飲もうか?」と言って、要するに悪口のオンパレードです。ダダダダダーッと、「あの人がこう言った、この人もこう言った」という私の悪口を並べて、二時間ぐらい、落ち込ませるようなことを言ってきたのです。

もちろん落ち込むのですけれども、しばらくするとまた復元してきて元通りに

〝形〟が戻《もど》ってくるので、「タフなやつだなあ。なんとタフなやつなんだ。あれだけ言ったら、そうとうこたえるはずなんだが、また元に戻ってきやがった」というようなことを言っていました。まあ、ありがたいことではあったかなと思います。

父親の言ったとおり、「型」があったのでしょう。

今、形状復元の素材があり、ワイシャツとかで元に戻ってくるものがありますけれども、元の形に復元してくるところがあるのです。経験が溜《た》まっていくと、ちょっとずつ、小さなところでの〝小技《こわざ》〟というか、配慮《はいりょ》をするようなところは出てきましたけれども、ややそういうところはありました。

そのように、大学時代や社会人時代の落ち込んでいるときに役に立ったのは、「光明《こうみょう》思想」なのです。本当に光明思想のものはたくさんたくさん読みました。読んでいると元気になってくるからです。

光明思想といっても、分からないかもしれません。

今、「善悪の二元」はずいぶん説いていると思うし、実際、宗教的には、「善悪を知ること」は、やはりとても大事なことです。「善悪を分けること」が「智慧《ちえ》」ですから、「善悪が分からない」ということは「智慧がない」ということであり、智慧を磨《みが》くのは、当然、仏教などでは基本中の基本なのです。

ただ、あまり落ち込みすぎていると、「悪を見つめる」、それから「自分を反省する」ということはけっこう厳しくて、できなくなって、やる気がなくなって、「もう自殺したい」とまでは思わなかったけれども、そういう傾向《けいこう》が出てくるところがあるのです。

だから、光明思想の本は、日本のものといわず、実はアメリカのものもたくさん読んでいたのですけれども、結局、「光に会えば影《かげ》ができる。影のほうを見つめれば〝真っ黒〟だけれども、光に当たっているほうを見れば自分は輝《かがや》いている。

だから、必ず影はできるのだけれども、〝光の当たっている自分〟というか、〝光である自分〟のほうを中心的に見よ」という考え方です。

「今日は、雨が降ったから、うっとうしいな。雨傘《あまがさ》が要《い》るし、また濡《ぬ》れてしまうだろうな。会社に着いたときにはだいぶ濡れてしまうだろうな。嫌《いや》な日だな。うっとうしいな。気分が悪いな」と思うのは、普通の人間の考えでしょう。

しかし、「あっ、雨が降っている。これで田舎のお百姓さんは助かっただろうな。これで今年の刈《か》り入れはいけるかな。友達の○○は農協で働いているけど、喜んでいるかな。農村で働いている人もいるけど、喜んでいるかな」というふうに考えることもできるわけです。雨がないと、それはそれなりにお米の収穫《しゅうかく》が悪くなりますから、そういうこともありますし、降りすぎたら、今度はまた駄目になってしまうところもあって、加減の問題ではあります。

そのように、「『心をどういうふうに持つことによって毎日を生きていくか』ということは、とても大事なことだ」ということには気づいていましたので、その前は落ち込んでいた期間が長かったのですけれども、それをできるだけ短くして、早く復元する方法を身につけるということは自分なりに努力したものです。

３　心で強く思い続けたものは現実化してくる

それから、信じていたことは、「心で強く思い続けたものは、だんだんに現実化してくる」ということです。

これは、今はあまり言っていないかもしれないけれども、「現実に自分で思っていたことで、心で強く思い続けているものは、だんだんに実現してくる」というのは経験したことでもあるし、幸福の科学を始めるときに当たって考えていたことが、その後、実際に起きてきたことでもあります。講演会をやるのでも、毎回、満員になって、満員の前で話をすることをずっとイメージしていました。

だから、けっこう、「思わなければ実現しない」ということもあるのです。「そう思うことで実現する」ということ、「思いの力」というのは、身をもってもう何十年間か経験してきたので、考え方一つなのです。

会社を取っても、トップの経営理念で会社はどうにでもなるのです。社会的に害を与《あた》えるような会社にだって、なることはできます。

例えば、「コストを削減《さくげん》して利益になるなら、何でもやれ」ということだったら、それはもう公害だって垂れ流してもいいことになります。そのほうがコスト削減になるからです。しかし、公害問題で騒《さわ》がれたら、工場の廃水《はいすい》を浄化《じょうか》するための機械をわざわざ入れなければいけなくなってコストは上がったとしても、そうでないと社会的に認められなくなれば、やるしかないでしょう。

今、中国などはやっとそのへんにぶつかってきているところですが、日本は一九六〇年代、七〇年代にぶつかったことです。イタイイタイ病などがありましたが、魚の骨が曲がって、〝腰《こし》の曲がった魚〟が泳ぎ始めたりするのは、今の中国では黄河《こうが》などでいっぱい見られていることです。「垂れ流し」をしているその川の水を飲料水に使ったり洗濯《せんたく》に使ったりといろいろしているわけです。インドでもちょっとありますけれども、それは病気にもなるでしょう。

そういう部分もありますけれども、そのように、「思い」によって、事業というものは展開するのです。

幸福の科学も、基礎《きそ》においては、もともとの手元資本というか、自分たちの財産のようなものはほとんど何もなかったのです。もう、立宗《りっしゅう》してから三十五年もたっていますので（説法時点）、最近入ってくる人とか、最近知った人とかはよく勘違《かんちが》いするのですけれども、何もかも普通《ふつう》の会社と同じようにやっていて、規則があって、そのとおりやっていれば事業継続《けいぞく》ができるというぐらいに思っている人がいっぱいいるのです。

そういうことは、うちの子供世代でも起きています。例えば、「普通の会社だったら、そういう地位に就《つ》けば、当然、それくらい振《ふ》る舞《ま》える」というぐらいに思っているようなところはあるのですけれども、私の始めたときには別に何もなかったわけです。

今は大きくなって、お金もあれば、人もいれば、組織の力もあれば、知名度も出てきてはいます。十分ではありませんけれども、出てきています。しかし、私が幸福の科学を開いたときには、封筒《ふうとう》を開封する仕事まで私がやっていたのです。入会願書を開封して、それを判定する仕事など、まず私が事務仕事の最初をやっていたのです。あとは、アルバイトが二人いて、彼らは郵便の配達を受け付けたり荷物を受け付けたりする仕事とか、買い物に行ったりする仕事はしていたとは思うけれども、事務判断は私が一人でやっていたのです。

それが、今、これだけ大きくなっていて、いろいろなものをつくってきたのですが、全局を全部、自分でつくってきたのです。このように、歴史はあって、

「コンセプトをつくって、どのくらいでそれを下ろしていくか」というのをいつもやってきたわけです。

ある程度までつくって、やり方が決まったら下ろしていくのです。いったん下ろすと、あとは方針を示して任すのですが、その代わり、「間違っている」と思ったときには、ブレーキを踏《ふ》むか方向を変えさせるというやり方で運営はしてきました。

それから、最初から理念がつくれない場合には、「他の業種をいっぱい経験してきた先輩《せんぱい》がたは、どういうふうにするのか」というのを、こちらは勉強させてもらう意味で、その人に任せてやらせたりもしました。一年ぐらい見ていたら、判断の仕方と癖《くせ》はだいたい全部分かってくるので、「ああ、このままではこうなるな」というのが見えてきたら、その時点で修正を入れるというようなかたちのやり方をしてきました。

だから、今のエル・カンターレ信仰《しんこう》伝道局、昔の活動推進局の仕事で言えば、伝道局には〝創価学会系《そうかがっかい》の遺伝子〟もあれば、〝生命保険の遺伝子〟もあれば、〝証券会社の遺伝子〟も入っていれば、もういろいろなものが入っているのです。いろいろなものをやらせてみて、どういうふうにするかを見ていて、そして問題が起きてきたり思うようにならなかったりした場合は、「これは駄目《だめ》だな」ということで、替《か》えました。

それから、天狗傾向《てんぐけいこう》のある人も二割ぐらいはたいてい常時いたのですが、天狗傾向のある人はだいたい伝道局等に集めました。だいたい〝戦闘要員《せんとう》〟で、「行け行けゴーゴー」をやる人たちについては、そこに集中していました。この世と変わらない論理が強いのですけれども、それをやる人たちで、宗教的な人はほかのところに配置していたのです。宗教的ではない人を伝道用の、要するに〝ノルマ〟をかけられたら喜ぶ人、〝ノルマ〟をかけられたら、「達成した！」とか「突《とっ》破《ぱ》した！」とか言って数字を張り出し、バラの花をかけて喜ぶようなタイプの人を、このへんのところに置いていたのです。

この世とそう変わらないあり方ですけれども、最初はそんなものでやっていました。ちょっとずつ変えてはいっていますが、まずはやらなければいけませんので、そんなことをやっていた覚えがあります。

4　病気や失敗から立ち直る「ものの見方、考え方」

「自分は神の子、仏の子」と自分自身に言い聞かせることの大切さ

そういうことで、いろいろな人の言葉とか自分の仕事の実績とか評価について落ち込《こ》むのは個人の自由ですし、落ち込むのは結構だけれども、ただ、それを長引かせて、自分も仕事ができなくなったり、周りの人にも悪影響《あくえいきょう》を及《およ》ぼすようになったら、それはちょっと〝公害〟ですから、やはり影響期間を短くしていく努力は必要だと思うのです。

そのようなときに役立ったのが光明《こうみょう》思想で、例えば、外国のもので言えば、ナポレオン・ヒルのような人の考えとか、ノーマン・ビンセント・ピール先生の考

えとかが、そういうものです。

　トランプさんが大統領のときには、かけていたマスクをペンッと取って剥《は》がしたりしているシーンがテレビで流れていたこともあるけれども、彼は『積極的考え方の力』を説いたピール先生の教会で結婚《けっこん》していますように、あそこの信者だから、私には分かるのです。あれがとてもよく分かるのです。「ウィルスなんか怖《こわ》がっていたら、ウィルスにやられてしまうじゃないか。こんなものに負けるか」というつもりでやっていたのでしょう。通じないだけで、「非科学的だ」と言われて攻撃《こうげき》されて、やられるのですけれども、気持ちは分かるのです。でも、実際はそのとおりなのです。

　暗い気持ちで自分を攻撃するというか、「自分は駄目《だめ》なんだ」という感じで思っていると、風邪《かぜ》にだってインフルエンザにだって何にだって、すぐに罹《かか》るのです。罹りやすいのです。そういうものを引き受けようとして待っているので、そこにインフルエンザとかを持っている人が来たら、本当に憑依《ひょうい》のようにポコッと移動して罹るのです。

ところが、こちらが元気いっぱいで、発電しているように光を出している状態だと、インフルエンザの〝菌《きん》〟をいっぱい持っている人が来ても、うつらないのです。こちらには来ないで、違《ちが》う人のほうに移動しているのです。現実にはもっと暗そうな、弱そうな人のところに移動していくから、ポジティブに物事を考えることも、いいことなのです。

今、「ポジティブ」というと、「陽性」ということになるものが多くて、ちょっと使いにくくなってはいます。ハワイで最初にやった海外講演が「Be《ビー》 Positive《ポジティブ》（積極的であれ）」（二〇〇七年十一月十八日説法）で、今だったら「陽性になれ！」というように、もしかしたら取られる可能性はあるので、「いや、それはちょっとまずいな。用語の意味が変わってきたかな」と思って、やや困ってはいるのですけれども、ある程度、跳《は》ね返せるのです。

このように、「自分自身を護《まも》る」ということは大事なのではないかとは思うのです。

普通《ふつう》の合戦《かっせん》だったら、いちおう鎧兜《よろいかぶと》を着て盾《たて》でも持ち、剣《けん》を持っていれば多少は防げるところがあるけれども、何も着けていなければやられてしまうところもあるでしょう。この〝鎧兜に当たる部分〟のところが光明思想なのです。

「自分は神の子なんだ。仏の子なんだ。負けないぞ。元気にやるぞ。こんなものは乗り越《こ》えていけるんだ」と思い聞かせることによって、少々の病気とか、あるいは仕事の失敗とかから立ち直ることができるのは、実体験としては本当にそのとおりだなということを自分は経験しました。

「長所を見るか、短所を見るか」のコントロールは自分でできる

それから、アメリカ的な文献《ぶんけん》で言えば、「二人の男が刑務所《けいむしょ》の鉄格子《てつごうし》の窓から外を見た。一人は地面を見て、雨が降ってドロドロになっている泥《どろ》の土のほうを見ていた。もう一人は空を見て、夜空に星が瞬《またた》いているのを見た。星が瞬いているほうを見た男は希望を持って、出所《しゅっしょ》したあと成功して、こういうことをした」というようなことを書いているものもあります。

ものの見方において、同じ鉄格子から外を見ても、空の星を見るか、地面の泥を見るかによって違うということですが、それはそのとおりなのであって、「何を見るか」ということです。

自分の弱点のほうに焦点《しょうてん》を合わせて見れば、それは「つまらない人間」だし、反省しなければいけないことばかり出てくるけれども、長所のほうに目を移せば、

「自分にだっていいところはあるし、まだまだ輝《かがや》くチャンスはある」というふうに見えるということです。

政治家で言えば、「自分は口が立つ」ということを長所として戦う人もいれば、口が立たなくても、「自分は聞く力がある」というふうに言う人もいるわけです。どちらも、短所は言わずに長所を言えば、そういうふうな言い方はあるでしょう。

ものの考え方には両方があり、これによって違ってくることがあるのです。そのへんの、心の小さなコントロールは、本当に自転車の運転ぐらいのレベルではあります。

普通に言うと、あんな細いタイヤの車輪の自転車で、ハンドルを握《にぎ》って、その上に乗って、堤防《ていぼう》の上を走るなんて、すぐ倒《たお》れて怪我《けが》しそうに思うでしょう。子供がやるような補助輪でも付いていれば倒れませんけれども、普通は、二輪だと、「こんな不安定なものに乗れるかな」と思うものが、慣れてきて、いったん乗れるようになれば、十年、二十年たっても、まだ乗れるのです。急にやっても乗れるというか、いったん身体感覚として持っていれば乗れるのです。

まこと不思議であり、あんなものが実用性があるということはなかなか理解はできないものですけれども、慣れればできるのです。しかし、最初は難しい。とても難しかったのを覚えています。大人に荷台を押《お》してもらわないと、なかなか走れるようにならないのです。

そういうちょっとしたこと、自転車のようにまっすぐ立って、横に倒れるより早く前に進むということができるようになれば、自分の心の小さなコントロールぐらいはできるようになるわけです。これで簡単な病気ぐらいだったら治してしまえることは多々あります。

自分の父親の例をたびたび引いて恐縮《きょうしゅく》ですけれども、戦前、病気になったことがありました。そのとき、ある光明思想の宗教家の本を読み、「本来、病《やまい》はないのだ」とか書いてあるのを見て、「あっ、病はないのだ」と思って布団《ふとん》を跳ね上げて起きたら、本当に治ってしまったということを、父親は言っていました。

ものは考えようで、「病気が好きな人」もいるのです。引き寄せてしまうのです。だから、自己憐憫《れんびん》の気持ちとか、「プライドが傷つきたくない」とか、完璧《かんぺき》主義とかの気持ちが強いと、病気などになりやすいのです。それは知っておいたほうがいいのです。

5　完璧《かんぺき》主義ではなく、平均打率を考えて仕事をする

完璧主義より「八割主義」の人のほうがいい仕事をするのはなぜか

逆に、完璧《かんぺき》主義を求めている人は完璧ではなく、完璧主義ではなくて八割主義――八割も行かないかもしれないので六割主義でもいいのですけれども――八割主義の人のほうが、実は完璧主義の人よりもいい仕事をすることが多くあります。

完璧主義を言っているうちに、結局、失敗を回避《かいひ》し始めるのです。失敗を回避し始めるので、チャレンジしなくなったり、自分を向上させるための努力をしなくなったりすることがあるのです。

これは、何人か知っている人のなかで、私は現実に体験してきました。そうい

うふうに完璧主義をやることによって、自分がチャレンジを避《さ》けて、傷つかないように逃《に》げる場合があります。

それと同じことでもあるのですが、完璧主義を言う人のなかには、「他が悪い」「政治が悪い」「環境《かんきょう》が悪い」「経済が悪い」「宗教が悪い」「何々が悪い」とか、いろいろなことを理由にして、自分を正当化するタイプの人もいます。

このへんは気をつけたほうがいいのです。

特に、今の受験ではけっこう細《こま》かいことをいろいろと言うので、重箱の底をつつくような問題について、騙《だま》されない、引っ掛《か》けられないようにして答えを見つけるとか、あるいは、「必ず答えがある。答えは一つあるものだ」と思って解くとか、いつもその訓練をやっているつもりでいた人は、社会に出たあと、ちょっと困るところがあるのです。

それは、「答えがないもの」がいっぱいあるからです。それと、「答えが複数ある場合」もあるのです。「どういうやり方でもいける」ということです。

山に登るのでも、一つのルートだけではなくて、幾《いく》つかのルートから山は登れます。ケーブルカーでも登れるし、北側からも南側からも登れます。プロの登山家になってきたら、垂直の崖《がけ》を登りたがる人もいるわけです。素人《しろうと》にはこれは不可能ですけれども、彼らは山道《やまみち》など歩くのは退屈《たいくつ》ですから、垂直の崖を登りたがる人もいるのです。

このように、いろいろとあるわけです。このへんを知ってほしいなと思います。だから、今、「八割」と言いましたが、ある意味で、会社の仕事とか事務仕事だと、「八割はキープしなくてはいけない」というぐらいの感じは必要かなと思います。

その業界での「平均打率」を知っておく

ただ、野球だと、なかなか三割も打てず、三割打者と二割九分打者とではものすごく年俸《ねんぽう》の差が出ます。

大リーグにおいて有名になった大谷翔平《おおたにしょうへい》という人は、二〇二一年には、「ピッチャー」で九勝をあげ、「ホームラン」を四十六本打っています。

〝両刀使い〟でいくのは珍《めずら》しいことではあろうとは思いますけれども、あんな人でも、打率を見たらどうでしょうか。ホームランは四十六本で、本塁打王《ほんるいだおう》を狙《ねら》ったけれども、最後は二、三本差で負け、なりませんでした。四十六本もホームランを打っても、打率を見れば二割六分前後です。

敬遠、フォアボールも多いようですが、「四打席に一打席強ぐらいしか打てていない」ということですから、「四打席に三打席は、ヒットにならずにアウトになったか、三振《さんしん》――空振《からぶ》り三振等になっている」ということです。

だから、四つに三つ負けても、それでも世界を沸《わ》かせるような活躍《かつやく》はできるわけであり、それが、その世界の考えです。

大相撲《おおずもう》で言えば、やはり、「十五戦のなかで八勝する」ということは大変なことで、十五戦中八勝し、勝ち越《こ》しができれば、プロの相撲としては残れることを意味していますが、負け越しが続いていると、要するに、負けのほうが多いのがずっと続いていくと、どこかで辞《や》めなくてはいけなくなることにはなっています。「負け越しが続けば昇進《しょうしん》はもうない」ということになりますから、昇進したければ勝たなければいけない。勝ち越さなければ昇進は来ません。

そういう、その業界での「平均打率」というのはあると思うのです。

例えば、不動産業界で言えば、「千三《せんみ》つ」というぐらい、「千件あっても、契約《けいやく》を取れるのは三つぐらい」といわれています。平均的に「千三つ」で、千件に三

つしか取れないのだったら、ほとんどもう、九百九十七件は、〝お客を装《よそお》ってい
る、要するに時間を食う無駄《むだ》な人たち〟です。
ただ、誰《だれ》がその三つになるかは分からないから、誰に対しても、ある程度、親
切にやらないといけないのです。見てくれが悪かったり無愛想《ぶあいそう》だったりする人が、
実はポンとお金を出してくれる人の場合もあるから、相手の見てくれだけで「自
分が好きなタイプだな」と思っても、その人が買ってくれるわけではないのです。
これが客商売の難しいところでしょう。
そのように、業界の打率があるから、いちおう、その打率は知っておく必要が
あるのです。

間違《まちが》いが許されない職種において、仕事のミスをどう防ぐか

また、間違《まちが》っていいものと悪いものがあります。

私は財務の仕事を在家《ざいけ》のときにやっていましたが、そのような人であったら、周りから言われることは、「財務がエラーをしたら、もうそれで終わりだ」ということであり、これはずいぶん言われました。

「ゴロを打たれてもトンネルをしてしまったら、もう向こうにはランニングホームランが出るのだ。財務がエラーをしたら、それはもうランニングホームランで一点入ってしまうことになるので、救ってくれるものはないのだ」というようなことをよく言われたのです。

私のようにムラが多少あるというか、「やる気があってガンガンやるとき」と「あまり調子が出ないとき」とが本当は交互《こうご》に出てくるタイプ、スランプとそうでないのが交互に出てくるタイプの人が、「今日はスランプなのでミスしました」と言っても、それでは済まないところがあるわけなのです。

だから、「最悪の自分でも止められる、守れる範囲《はんい》はどこか」というのを、自分なりに考えなくてはいけないのです。

例えば、「睡眠《すいみん》時間はどのくらいだったら、最低限、自分が納得《なっとく》する仕事ができるか」というのも一つでしょう。「このくらいは寝《ね》ないと駄目で、危ない」というのもあるし、お酒をお付き合いさせられた場合でも、「このくらいで止《と》めておけば明日《あした》の仕事はいけるが、これ以上飲むと、明日はミスが続出してガンガン怒《おこ》られてばかりになるな」というラインは、いちおうあるのです。

私はそのへんになってきたら、付き合い上、飲まなくてはいけなくても、グラスに氷ばかり入れて、もうほとんど氷水を飲んでいました。氷ばかり入れて、飲んでいるふりをしていたわけです。もうアルコールはなくなっていますから、ほとんど氷水を飲んでいるだけなのですけれども、それでも、「飲んでいるふりをして、付き合っていないといけない」ということはありました。

「完璧《かんぺき》主義」を言ったとしても、完璧にはならない業界とは業界によって多少違うので、「完璧《かんぺき》主義」を言っても、そんなに完璧になるわけがないのです。

「家売るオンナ」というドラマで北川景子《きたがわけいこ》さんが演《や》った主人公が、「私に売れない家はない。百パーセントです」と言っていました。常識を破っているから面白《おもしろ》いのでしょうけれども、百パーセントの不動産屋なんて、この世にあるわけがないのです。

「千三つ」ですから、〇・三パーセントでしょうか。打率は三割ではなく〇・三パーセントですから、これはかなりきついです。「普通《ふつう》、千回トライして三回しかうまくいかない」というのは――要するに、パチンコで言えば「千回も玉を打って三個しか入らない」というのは、腹が立って来なくなる回数だろうと思うのです。もうちょっと入らないと、さすがにやっていられないでしょう。

あれは勝ち率をだいたい二十五パーセントぐらいで業者は設定しているはずなので、二十五パーセントぐらいの勝ち率だと、だいたい、千円を投資したら二百五十円ぐらいは平均的には儲《もう》かるようにしてあります。全台で何十台か、五十台なら五十台が店にあったら、要するに全部の勝ち率はもう計算してあるのです。釘《くぎ》のいじり方で、何点取れるかはもう分かっているようなのです。

ときどき、客寄せのために、ジャラジャラ出さなくてはいけない台はつくるのですが、それは日ごとに釘をいじって、「どこを出すか」を変えるのですけれども、勝ち率はだいたい二十五パーセントぐらいです。そのくらいにしないといけないわけなのです。

だから、パチプロ、パチンコのプロになってくると、台を見て回って、釘師がいじった釘を見て、昨日《きのう》見たその台の釘と今日の釘で変わっているものとかを見て歩いて、「今日はこれを出させるつもりだな」というのを、心理戦で見破らないといけないわけです。

見破って、そこが空《あ》いたら、そこを取って、プロはそれで飯《めし》を食っていくというかたちになりますけれども、プロになるまでの投資額が高いですから、結局、得するか損するかは分からないところがあると思います。

これは、身内にパチンコの好きな人がいたため、私は情報をよく知っているだけのことで、私自身はほとんどしたことはありません。

二、三回しか経験はないのですけれども、十分ぐらいで三千円負けて、「もう、こんなバカバカしいことはやっていられない」と思いました。十分で三千円もなくなったら、こんなのは、とてもではないけれども、やっていられません。「三千円あったら、もっといいものが食べられるし、飲めるし、使えるし、本が買える」と思ったらバカバカしくて、ちょっとやれないということで、もうしないことにしました。

マージャンもほんの数回しか経験がありません。剣道部《けんどう》の先輩《せんぱい》に「どうしても」と言われてやったことがあるのと、ニューヨーク時代に、ハーバードの卒業生の弁護士と友達になって、「マージャンを教えてくれ」と言うので、ほかの同僚《どうりょう》とか先輩を連れていって、ちょっとやったことがあります。

ほかの先輩たちは英語が下手《へた》でしゃべれないので、私も座を盛り上げる能力は低いしマージャンも弱いのに、呼ばれてハーバード大の卒業生とマージャンの卓《たく》を囲んだことはあります。現実に、「マージャンを教えてくれ」と言うからやりましたが、ハーバードのほうが強いのです。

「マージャンは、いちおう日本文化ではなくて中国文化であるから、別に負けても構わないのだ。日本に入ってきたから、たまたまやっているだけで、日本文化というわけではない」と、こちらは言い張ってはいましたけれども、「ハーバードのくせに、マージャンも強いとは、けしからん」と、ちょっと思ってはいました。

その人は、必ず、会社では私のところに電話をかけてくるのです。「私と会いたい」ので、ほかはもう誰でもいいのです。なぜかというと、知的会話ができるからなのです。

あとの人たちは、仕事での会話とか日常会話はできるのだけれども、知的な会話になっていくと、ほとんどみんな貝のようになって黙《だま》ってしまうのです。私はしゃべれる。いくらでもしゃべるから、ディープに入ってきたら、いくらでも言い始めるのです。それが面白いので、マージャンの下手な私を呼び出して、何回かしたことはあります。

この人とは、ボストンへ旅行に行ったときに知り合いになりました。車両が一《いっ》緒《しょ》になって、向こうから話しかけてきたのです。彼は日本語の問題集を解いて日本語を勉強していたのですが、私を「日本人だな」と思って向こうから寄ってきて、話しかけてきたのです。

「大学はどこだ」と言うから、「東大だ」と言いました。当時の東大は値打ちがあったのです。今の東大はもう全然値打ちがなくて、世界三十五位だの四十何位だのとかいうところへ行《い》っていますが（説法当時）、私の当時の東大は、光明《こうみょう》思想的に自慢《じまん》すれば「ハーバード、オックスフォード、東大というのは御三家《ごさんけ》」のような感じであって、外国でも「ほおー」といちおう言ってくれたのです。

手抜《てぬ》きを許さず、教授と論戦もした大学時代のドイツ語の授業

東大のドイツ語の先生にきつい先生がいて、教わっていたのですけれども、「おまえらな、もうちょっと自分に自信を持てよ。ドイツに行って『東大』と言ったら、分からない人なんかいないんだぞ」と言うので、「えっ、そうなのか」

と思いました。先生が「それなのに、そんなにおまえら、後ろ後ろへ逃げて」と言うほど、教室では前の何列かがガラ空きで、みんな、壁《かべ》のある後ろのほうでへばりついていたのです。

その先生は、麻生建《あそうけん》というドイツ語の先生で、今はどうしているでしょうか。もう引退しているでしょうけれども、きつくて、あまりやる気がないのです。「自分はドイツ文学の研究をするのが仕事」で、「語学を教えるのは、給料をもらうためにしかたなくやっている連中」ということなので、「おまえら、文Ⅰなんだろう？ 文Ⅰだったら、そんなもの、勝手に勉強したらできるだろうが」と言い、文法の授業を一時間やって、もうそれで終わりです。

あとは、もういきなり講読です。原書講読にバーッと入っていくから、「無茶《むちゃ》苦茶《くちゃ》だ、この先生は」と思いました。文法を一時間しか教えなかったのです。

「そんなの、勝手に勉強したら分かるだろうが。毎年やるのは面倒《めんどう》くさいんだ。

俺《おれ》にとっては無駄な時間なんだ。別に手を抜《ぬ》いたって給料は出るしなあ」とか言っていました。

でも、授業が難しくて分からないから、みんなだんだん後ろに行って、前のほうは、がら空きになっていました。それで、話し合いが持たれ、「われわれも前にもうちょっと出て積極的になるけれども、先生だって態度を少し変えてくれないか」というような交渉《こうしょう》をする役に立てられて、ちょっとやったりしました。

「51LIⅡ9B」というクラスなのですけれども、クラスのみんなの意見としては、麻生建が覚えているのは、たぶん私一人だろうということでした。「あいつだけは絶対忘れていない」と、みんなが言っていたのです。私は激しく論戦を挑《いど》む男だったため手抜きは許さず、〝槍《やり》〟を持って突《つ》いていくので、「忘れないだろう」ということだったのです。

ドイツ語を教わったのが、その人です。

あとは、『小説　去れよ、去れよ、悲しみの調べよ』（宗教法人幸福の科学刊）に、ドイツ語の柴山《しばやま》教官という人が出てきますが、これは、小説家でもある柴田翔《しばたしょう》という先生のことです。

この先生が助教授で四十三歳《さい》のときに私は教わっているのですけれども、あのときの実際に先生とやった会話を小説のなかに書いているわけです。そのまま再現しています。あのとおりです。もうちょっと言葉はあったかもしれませんけれども、いちおう再現しているので、ああいう会話です。

芥川《あくたがわ》賞作家で、ジーパン生地《きじ》の上着と下にはジーパンをはいて、教壇《きょうだん》の隅《すみ》のあたりに腰《こし》かけて、体を斜《なな》めに傾《かたむ》けて頬杖《ほおづえ》をつきながら講義するのです。何か実存主義的アンニュイな雰囲気《ふんいき》で文学者風にやっているのですが、いい格好をして、あっちはあっちでやってはいて、気分に浸《ひた》っているのです。

だから、私はだんだん腹が立ってきて、彼の小説の一節を、彼が来る前に黒板に書きました。「彼女は棒のように寝た」とかいうように彼の小説のなかに書いてあるから、「下手くそな比喩《ひゆ》だなあ」と思って書いたのです。

それは、東大の女の子と、本人に当たるような東大の男の学生の話なのですが、まだ構内の敷地《しきち》に一メートルぐらいの青草がたくさん生《は》えているような時代です。ラブホテルまで行かずに、その青草のなかで押《お》し倒して、やろうとしたわけです。やろうとしたけれども、女の子が「嫌《いや》だ」と言うのです。それで、「いいだろう、僕《ぼく》は好きなんだ」「嫌」「いいだろう。やらせてくれ」「嫌だ」と、三回「嫌だ」と言ったので、「僕はとうとうやらなかった」というようなことがありました。

そのあと、別のところだったかとは思いますが、いちおう、そのシーンに臨《のぞ》むのですけれども、「彼女は棒のように寝た」というようなことが書いてあります。要するに、「女としての反応ではなかった」ということでしょう。

そういうのを書いてあるので、「下手くそな描写《びょうしゃ》だなあ、小説家なのに。これで芥川賞か」ということで、それを前に書いたりして、意地悪《いじわる》を私もしていたから、向こうもああいうふうな意地悪で来ているわけです。

いちおう先生とでも「文章感覚」で戦いがあったことはあったのです。「小説家といったって、こんなのは駄目だ、この小説は」と思う部分もあったので、ちょっと、そんなこともありました。

あとは坂口《さかぐち》ふみという女の先生です。こちらも翻訳《ほんやく》とかをだいぶしている方で、女性で出世した方だと思います。

坂口ふみ先生のときには、私があまりにもドイツ語のものすごい名訳、意訳の名訳をするので、「これは是《ぜ》か非か」というのが問題になりました。友達たちもみんな見ていて、「すごい訳をするな、あいつ」という感じでした。

要するに、今のドイツ語文学者が小説を訳すときに、自分も作家で自分の文体で訳したような感じの訳を私がするものだから、先生としては「素直《すなお》に認めることもできないけれども、間違っているとも言えない」というところで、ねちっこい論戦がやはり起きたのです。みんなは「これを先生は通すか通さないか」という感じで、固唾《かたず》を呑《の》んで見守っていました。

そういうことで、けっこうバチバチで当時もやっていたものなのです。

ちょっと脱線《だっせん》しました。

6 「光明《こうみょう》思想」を使うときに注意すること

人をくさす「天狗型《てんぐ》」、自分も人も悪く見る「暗黒思想」の問題

とにかく、性格的な問題もあれば、勉強などで細《こま》かい勉強をしすぎた場合には、自分を責めたら暗黒思想風になってくることもあるし、逆に言えば、人に対して間違《まちが》いを一生懸命追及《いっしょうけんめいついきゅう》したくなるときもあるので、このへんの加減はとても難しいのです。

今、「改めよ」と言っている「天狗型《てんぐ》」というのは、自分のことはほめ上げるのです。これはこれでもいいのだけれども、自分のことはほめ上げながら、人はくさすのです。ただ、人を見たら、悪いところをいっぱいバーッと言うけれども、

自分のことはほめ上げてほめ上げてしているると、みんな腹が立ってきて、どこかで足払《あしばら》いを食《く》らわせてくるから、天狗型はそれでスッテンコロリンするのです。

あともう一つは、「人にもずっと悪く言って、自分のこともずっと悪く見る」というものです。

この両方がずっと続くと、いわゆる「暗黒思想」になります。光明《こうみょう》思想の反対の暗黒思想になるので、これだと、やはり道が開けないことが多いし、就職面接を受けると、「gloomy《グルーミー》」、要するに「陰気《いんき》だ」と言われて、通らない人は何人かはいました。

友達とかを見ていると、成績はそこそこだったり、あるいは資格試験は通っていたりするのに、性格がgloomy、要するに陰気で、何かよく分からなくて、あまりシャキッとしていないから、「これは無理だなあ」という人はやはりいました。どこを受けても落ちるのです。

あるいは、「コンピュータによる性格診断《しんだん》までやられた」という人もいました。その人は、必ず人の間違いを指摘《してき》する男で、話をしているとすぐに「君、それは違うよ」と言い出すのです。今、孫がそのようなことを少し言い出したので、気になっていて、「そうなってはいけない」と思って、途中《とちゅう》で修正をかけようと思っているところです。

すぐに、「あっ、君、それは違うよ」と言って話の腰《こし》を折り、間違いを必ず指摘してくる男がいたのですが、彼は四年生を三回やりました。正確には東大には四年生までしかないのですけれども、通俗《つうぞく》には、四年、五年、六年まで行けます。七年、八年は行けるのかどうか、よく分かりません。事情によるのでしょうけれども、そのくらいまでいたのです。

彼は四年、五年、六年といて、民間会社の面接では内定は一個も取っていないのです。最終的に就職した役所はあるのですが、その役所は、四年のときに試験は受かっているのに面接で落とされて、五年でも受かっているのに落とされて、六年で「三年も続けて来るので」ということで、おそらく面接官は後輩《こうはい》になっていたのではないかと思われますが、三年目にやっと入れてくれたのです。落とさなくても最初から入れてくれればよかったのです。かわいそうだったのですが、無事定年まで勤めて、ある程度の偉《えら》さまでにはなったようです。

私も会社勤めのときに、連れていって紹介《しょうかい》したこともあります。人事のほうは「一人ぐらい引き受けてもいい」ということは言ってくれたのだけれども、出てきた東大の経済学部の先輩とかが見て、「あれはちょっと無理だ。いくら何でも、あれは無理だ。あれではちょっと勤まらないから。残念だけど」という感じのムードが漂《ただよ》っていたので、彼は気配《けはい》を察知して自分から撤退《てったい》していきました。

だから、暗黒思想も、やはり、世の中ではあまり受け入れられません。

差があることを見ず、「全部いい」という考え方には、智慧《ちえ》がない

それで、「自分も全部いい。人もみんな全部いい。全部ハッピー、ハッピー、ハッピー、ハッピー」ということで、ゆとり学習のときにやったように、「みんなが百点を取れるようにしよう」「みんなが百点でよかったね。みんな算数は百点でよかった」というようなものもあるかと思うのですが、これまた社会の進歩を妨《さまた》げる面もあるわけです。

人は間違いを犯《おか》して、それを間違えないように自分を鍛錬《たんれん》することによってできるようになって進歩するところがあります。しかし、その機能を無視して、「人に差がつくこと自体がいけないのだ」と思うと、今も気をつけないと、「格差があるのはいけないことだから、格差さえなくせばいいのだ」という感じになってしまいます。

「全員、百点」とかだと一時的に気持ちがいいでしょう。それはいいけれども、試験をいくらやっても百点だったら、もうやる必要はないことです。落第とかがあるのは嫌《いや》なことだけれども、それがあるからこそ「落第になってはいけない」と思って頑張《がんば》るところもあるので、それは全部が悪ではないところもあります。合格と落第があるおかげで引き締《し》まるところもあるし、点に差がつくことで引き締まるところもあるのです。

それが暗黒思想になりすぎてもいけないけれども、みんながただただ「いい、いい」と言うだけでも駄目《だめ》で、これだと人生における選択《せんたく》がもうほぼできなくなると思うのです。「どの会社でも全部いいです」とか「結婚《けっこん》相手はどの人でも全部いい」とか言うのなら、もうこれは人生の選択が利《き》かないということで、はっきり言えば、「智慧《ちえ》がない」という結論になります。このへんが問題でしょう。

「光明《こうみょう》思想的なものの考え方」による効果とは

基本的には、そうした「光明《こうみょう》思想的なものの考え方」というのは、要するに悪い部分を軽く見るわけです。

「ここにランタンがあるとする。光がそのまま出ている。でも、ランタンがあっても、これに風呂敷《ふろしき》を一枚かけたら、その光は外に漏《も》れなくなる。太陽の光はとても強い。ものすごく強い。はるかなる遠い所から光を発しながら地面を温め、海水面を温め、水蒸気から雲をつくり、雨を降らしている。すごいことをものすごく遠い所からやっている。ものすごく強い力。太陽光パネルが出て、今、発電できるぐらい強い。

だけど、その太陽の光もボール紙一枚で遮断《しゃだん》できる。ボール紙は焼けたりしない。それで遮断できる。傘《かさ》を差しても、日傘でも遮断できる。そんなものなのだ。

太陽は本当はすごいものだ。だけど、遮断はできるのだ。だから、その遮断しているものを取り除けば、光は射《さ》すのだ」

光明思想というのは、そういうふうにものを考えるわけです。

「暑さ・寒さがあるというふうには思わないのだ。寒さというのは、ただ単に熱の不在なのだ」というふうな、ものの考え方をする。これは、エマソンなどが言っている言葉です。「あっ、熱の不在なんだ。ああ、そういうふうに考えるんだ」ということです。

寒暖計ではマイナス何度かまで測るでしょう。そうした寒暖計があるけれども、そういう細かいことを言わないのです。「熱が単にないだけだ」というふうに言うのです。

言えば、「冬というのは夏が去っただけだ」という言い方です。ちょっと智慧は足りません。はっきり言えば、智慧的には足りないけれども、そういうふうに厚かましく物事を考えることによって、「マイナスの時間を長くしない」という効果があることは確実にあります。

やはり、多少、落ち込《こ》みや失敗が長いとき、あるいは病気などで、もうくさっているようなときには、自分自身を励《はげ》ますことも善ではあると思うのです。ほかの人に迷惑《めいわく》がかかりますから、自分自身を励ましてよくすることは大事です。

キリスト教者には、よく「病気を愛する人」が出てきます。小説を読めば分かると思いますが、クリスチャンの作家が書いたものにはもう病気がやたら出てきますし、作者自身が病気、大病を経験した人であることもけっこう多いのです。

キリストが受難《じゅなん》になっているから、やはり、そういう受難を受けないと何か本物でないような気がどこかにあるのだと思うのです。

そういう受難を礼賛《らいさん》する気持ちがあるから、病気が長引いたりして、不幸を呼び込む傾向《けいこう》がちょっとあるわけです。自分のメンタリティーのなかにそういうものがあると思ったら、やはり、それを通り越《こ》さなければいけないのかなという気持ちもあります。

だから、私は、自分を励ましたりもしています。「自分がもっと、よりよくなろう」という意味で自分を励ましているのです。「今日もよく頑張ったな」とか、「こういう勉強がよく続いているな」とかいうようにです。

「『黒帯英語』を全部やり潰《つぶ》しても、TOEIC《トーイック》は相変わらず伸《の》びないままです。使えません」とか、「『黒帯英語』を全部頂いているのに投資が無駄になった」とか、「読んでも読んでも頭に入らない。次の本を読んだら、全部、前のものは抜《ぬ》けていく」とかいうような人もいっぱいいると思うのですけれども、それでくさっていたらもうどうにもならないので、ちょっと自分を励ましてやる気持ちも大事かなと思います。

「『継続《けいぞく》は力なり』と言うけれども、いやあ、よく続いているな。成績は全然伸びないけれども、続くことだけは自分でもすごいと思うな」とか、「ある日突然《とつぜん》、十年後に突如《とつじょ》、英語の達人になったりすることもあるかもしれないね」とかいうようなことで、人に言わなければ生きていくことはできるのです。人にあまり言って、「おまえでは無理だよ」と言われたりすると、本当に落ち込んで、もうやる気がなくなってしまいます。

「生まれつき頭が違うんだよ。頭が違う。できるやつはもう最初からできるんだ。ちょっとやったら、すぐできるんだよ。できないやつは、いくらやったって、もう全然できないんだ。諦《あきら》めろよ。おまえは純粋《じゅんすい》日本人で、日本にしか生まれ変わったことがないんだよ。外人になったことがないから、できないんだ」などと言われて、もうそれを聞いてしまったら本当にやる気がなくなって終わりになりますから、そういうときは、やはり多少護《まも》ることです。自分の速度はのろくても、カタツムリでも亀《かめ》でもいいから、「コツコツと前に進んでいく」ということを守ることも大事かなと思うのです。

光明《こうみょう》思想を適度に使いつつ、天狗《てんぐ》型にならないよう気をつける

そういう意味で、傷つきすぎないことも大事だと思うし、そうすれば病気にも強いと思います。「光明《こうみょう》思想」を持つと免疫力《めんえきりょく》が高まってきます。だから、私も、〝天狗《てんぐ》〟に注意しつつも免疫力を高めるような光明思想はよく持っています。病気にならないように気をつけています。

基本的に一年中ほとんど病気になることはありません。自分自身も、自分の細《さい》胞《ぼう》の隅々《すみずみ》に至るまで、「おまえたち、使命を果たすんだぞ。ちゃんと働かないといい仕事ができないのだから、頑張れよ」という感じの考えを行き渡《わた》らせているので、回復力は強いし、持続力もけっこうあるのです。

また、「最悪の状態で、どのくらいまで自分ができるか」ということをいつも

見極《みきわ》める努力もしているのです。

例えば、「一睡《いっすい》もできなくても講演ができる」、あるいは「二時間ぐらいの睡眠《すいみん》しか取れていないけれども、英語で講演ができる」とか、こういうことが実体験としてやれたら、自信にはなります。そうしたら、夜眠《ねむ》れないという日があっても、「やれないことはないよな」という楽観主義を持つことはできるようになります。

そういう意味で、私も適度に光明思想は使っています。健康を守るためと、自分の意欲を落とさないために持っています。世間《せけん》では、もう「定年が何歳《なんさい》」とか、「法定老人というか、法律では老人は何歳から」とか、十把《じっぱ》一絡《ひとから》げに決めているけれども、「そんなことはないでしょう。個人差はあるでしょうが。一緒《いっしょ》ではないでしょう」と思っているわけです。

ピカソは、もう八十歳でまた若い女の子を追いかけて結婚するぐらいの精力家でしたから、「そんな人だっているわけだから、一緒じゃない。人によっては違うでしょうが。例外はあっていい」と思っているほうなのです。

そういうふうに、なるべくプラスの仕事ができるように考えることは義務でもあろうかとは思っています。

ただ、気をつけるべきは天狗型になることです。私はちょっと、「若いころ、天狗になっていた」と思ってずいぶん反省したのだけれども、今、半世紀ぶりに昔の作品を読んでみると、私だけではなくて、家内のほうも言ってくれるのですが、「天狗性がない」と言うのです。

よく読んでみると、やはり「あまり天狗的ではないな」と思うことは思うので、「自分は天狗だと思って反省して、くさって落ち込んで、暗い気持ちになったり人に会うのが嫌だったりしたのは、ちょっとやりすぎだったのかな。もうちょっと自分を認めてやってもよかったかな。ある程度、才能はあったのかな。だけど、才能があるということをみんなに言うだけの自信もなくて、そうなっていたのかな」と思うように、今、ちょっとなってきてはいるのです。

天狗型は、気をつけないと高転びを必ずします。

そして、「長く努力しよう」と思う人は、天狗になりにくいタイプなのです。未まだまだ未熟なところがあると思っているから、努力が続けられるわけです。未熟だけれども、大志、大きな志《こころざし》を持っているから、長く努力を続けられるのです。そのため、やっているうちに、「あれっ? もとの自分とは違う。麓《ふもと》から見たら、ずいぶん高い所まで登ってきたな」ということがあるわけです。

こういう気持ちを大事にしたいなということを言っているわけです。

7　単なる光明《こうみょう》思想とは違《ちが》う仏教思想としての「泥中《でいちゅう》の花」

ある意味では「泥中の花」であった文学者・川端康成《かわばたやすなり》の人生

あとは、単なる光明《こうみょう》思想と徹底《てってい》的に違《ちが》うのは、「泥中《でいちゅう》の花」とも言いましたけれども、仏教思想的なものがちゃんと当会には入っているということです。「周りの環境《かんきょう》が汚《きたな》いこと、あるいは人の世が濁《にご》っていること、こういう濁世《じょくせ》であるということを避《さ》けて通ることはできないのだ」という考えは仏教にはあるわけです。

「この世には醜《みにく》いものはいっぱいあるし、苦しいことや悲しいことはもういっぱいあるのだ。むしろ、そちらのほうが実在かもしれないのだ。だけど、そうした泥《どろ》の沼《ぬま》のなかから、あのきれいな、えも言われぬ天国的な蓮《はす》の花を咲《さ》かせることころそ、今世《こんぜ》、生きている人間としての悟《さと》りなのだ」

これは仏教の思想です。日蓮《にちれん》もそうだし、ほかにもこの思想を尊重した人はいっぱいいます。「南無妙法蓮華経」と言っていますが、「妙法蓮華経に帰依《きえ》します。帰命《きみょう》します」という意味であり、妙法蓮華経というのは、妙《たえ》なる蓮華の法ということです。蓮華の法というのは、そういうことです。「泥中の花」なのです。

この世の中には、本当につらいこと、苦しいことがある。貧富《ひんぷ》の差もある。男女の差もある。年齢《ねんれい》の差もある。「お金のあるなし」もある。それから、身分制の時代はいつの時代にもけっこうあるし、家庭内に暴力があることもある。

また、川端康成《かわばたやすなり》先生のように、幼少にして両親が共に亡《な》くなることもあります。それで、川端先生はおじいさんのところに預けられたのですが、おじいさんも死んでしまいます。『十六歳《さい》の日記』には、尿瓶《しびん》でおじいさんのおしっこを取ってやったときの話がいちばん最初の小説として出ています。十六歳で尿瓶でおじいさんの下《しも》の世話をしていた話が出てくるのです。

そして、十六歳、十七歳のころにはもう葬式《そうしき》の達人になっているような短編小説も書いています。要するに、周りの人がどんどんどんどん死んでいくので、いつも葬式をやっているわけです。「いつも葬式に出ているから、おまえに任せておけば、だいたいいいだろう」という感じで、もう十七歳ぐらいで、「葬式の達人」とか「名人」とか言われていたのです。

「とにかくおまえは葬式によく出ているし、おまえがいるところで人が死んでいくから、葬式はちゃんと世話をしろ。面倒《めんどう》を見ろ。仕切れ」ということでしょう。十七歳にして、もう葬式の達人になってしまったというのは、不幸ばかりいっぱい続いていたということです。

それでも、ノーベル文学賞を取るところまで行ったわけですから大したものです。頭もよかったのでしょう。家庭環境から言えば、両親が死に、おじいさんが死に、さらに伯父《おじ》さんに預けられて、それで一高と東大に行っているから、秀才《しゅうさい》は秀才なのでしょうけれども、よく読んでみれば、「自分は一高を受ける」と言ったときに、中学の先生がたは笑ったといいます。

川端先生が「一高を受ける」と言ったら、「ハッハ、受かるわけないだろうが。おまえなんかに受かるわけがない」と、友達も合わせてみんなで笑ったということなので、そんなに成績がよかったわけではないらしいのです。

だから、余裕《よゆう》でスイスイ受かったわけでは決してなく、何か必死で頑張《がんば》ったら、たまたま合格したらしいのです。ただ、あの環境だったら、現代だとけっこう受かるのは難しい環境かとは思います。

そのなかで、今度はあれだけ文学を紡《つむ》いでいったわけですから、人間として自己流に成長していった過程はけっこうあったのでしょう。

晩年になると、出版社の編集者が来て川端先生の前に座《すわ》って、ギョロッとした目で人相でも観察されるように三十分間ぐらい何も言わずにジーッと見つめ続けられると、みんなもう怖《こわ》くなって尻尾《しっぽ》を巻いて逃《に》げて帰ったりするようなことはありました。

何も言わずにジーッとあの目で見られると、もうほぼ宇宙人が見ているようなものでしょう。「ヨーダ」のような顔をして、耳が垂れてあの目でジーと見られると、怖い。でも、実は右目はほとんど見えなかったようなのです。昔のことなので自分の右目が悪いことさえ知らなかったらしいのです。今なら、よくするために手術をしたりいろいろしたと思うのですが、それさえ知らなかったらしいのです。

右目が本当によく見えていないので、左目を前に出すような感じで、左目で見ていたのだろうと思いますが、相手は怖いでしょう。あのギョロッとした目でジーッと見られると、心の底まで見透《みす》かされているような感じで、「何か、私は作《さ》法《ほう》に触《ふ》れたかな」とか、みんな思いますから。

まあ、そういう経験がおありだったようですけれども、その孤児《こじ》だった人がそういうふうな文壇《ぶんだん》の大御所《おおごしょ》になり、それだけの威圧《いあつ》感を持つような存在になっていくわけで、人というのはいろいろと努力しながら発展していくものだなと思います。ああいう人も、ある意味では「泥中の花」でしょう。もう本当に泥沼のなかに咲いた蓮の花であって、その環境ではありえないようなことではあったのではないかと思います。

失敗から学ぶ「常勝《じょうしょう》思考」や、「泥中《でいちゅう》の花」の思想の優《すぐ》れた点とは

夏目漱石《なつめそうせき》も、もう子供（きょうだい）が多すぎて他人《ひと》にやられたのに、お姉さんが、あるとき八百屋《やおや》か何かの前で見つけています。昔は釣銭《つりせん》等を出すために、ザルに小銭《こぜに》を入れて上からゴムで吊《つ》って、ピッと引いて、それでお釣《つ》りを渡《わた》した

りしていたのですけれども、そのようなザルの上に夏目金之助《きんのすけ》、当時の漱石が乗せられているのを見て、十歳ぐらい上の姉が「もうかわいそうで見ていられない」と言って、連れて帰ったというようなエピソードはあるので、もうほとんど捨て子同然でしょう。

そんなことをみんな経験なされていますので、失敗や苦労や、この世的に見れば不幸なことはいっぱいあるけれども、それだけを理由にしてはいけないのです。むしろ、それは文学などの材料にもなるようなことだし、宗教で言えば、宗教でも材料にまたなるようなことでもあるとは思うのです。

他人のせいにしたりするとガンに罹《かか》りにくいという説もあるのですけれども、やはり、いろいろなことに意味を認めて、自分を磨《みが》くヤスリとして、あるいはサンドペーパーとして使っていくことです。これは「常勝《じょうしょう》思考」に通じることでもあります。転んでもただでは起きないということです。

転ぶと痛いけれども、転んでも、「わらしべ長者《ちょうじゃ》」風に次々と努力することによって、最初はわらしべ一本しかつかまなかったとしても、それがだんだんに「大金持ちへの道」になっていく手順があります。

ああいうふうに、転んでも、要するに失敗しても、そのなかに「こういうことをすれば失敗するのだ」という真理を知り、そして、「どうすれば次は失敗しないで済むのか」ということを考えることによって智慧《ちえ》が生まれてきます。

そして、智慧を蓄《たくわ》えていけば、やはり、それはその人個人の宝ですので、だんだんいろいろなことができるようになるし、名経営者になることもあるし、政治家になることもあるし、宗教家になることもあるし、いろいろな道はあろうけれども、「まだ道は無限にある」と言えるようになってくるということです。

これが「常勝思考」です。

仏教は、ちょっと全体的に悲しいトーンです。「諸行無常《しょぎょうむじょう》の響《ひび》きあり」ですから悲しいトーンで始まっていて、中村元《なかむらはじめ》レベルの学者であれば、「釈尊《しゃくそん》が教えたかったことは、『この世界は苦《く》である』ということである。苦しみこそ真実であると、釈尊は喝破《かっぱ》したのである。苦が真実である。苦以外のものは真実ではないと見た」と言っていますが、〝まだ浅い〟でしょう。底がかなり浅い見方のようです。

人生が苦しみであることを見抜《みぬ》いても、そのなかから、やはり蓮の花を咲かすことこそが仏教の悟りであるので、「人生が苦である」と見抜いたこと自体が悟りではないのです。

「苦である」ということに気づいてから、そこからどのように、泥沼のなかから頭をもたげて水上で花を咲かせるか――ここが要するに仏教の悟りで、これが分からなくて、「人生は泥沼です」「苦しみです」「悲しみです」「もう臭《くさ》いです」「しょうもないです」と言って、それで悟ったつもりなら間違いだということになります。それは、言葉の表にとらわれすぎて、実は失敗しているということです。

こうした「泥中《でいちゅう》の花」は仏教的なものの考え方で、ある意味では、途中《とちゅう》から光明思想と似たようなところもあります。でも、「天狗《てんぐ》には決してならない悟り」であろうというふうには思うのです。

8　「厳しい時代」のなかで、シンプルな光明《こうみょう》思想の力は健在

シンプルな光明《こうみょう》思想も、みなさんが人生の危機にあるとき、仕事の挫折《ざせつ》から立ち直れないときには使ってください。

今から先の時代にはもう倒産《とうさん》もいっぱい出るし、解雇《かいこ》、クビになることもいっぱい出ると思うのです。「厳しい時代」はあると思います。

ある喫茶《きっさ》店に行ったときには、喫茶店のマスターが、「今、若い人は、もう二百万も年収があればいいほうで、二百万もない人が多い。年収三百万あったら、もうリッチ階層と言われているんですよ」などということを言っていました。

「ああ、三百万でリッチ階層になるのか。ほう」と思って、「少しものの見方を

考えなくてはいけないな」と、ちょっと思ったことはあるのです。

今は選挙（二〇二一年衆院選）の前なのですけれども（説法《せっぽう》当時）、野党のほうの党首は、「年収一千万に行かない人は一年間、税金を免除《めんじょ》する」というようなことを言っていて、ある意味で大盤振《おおばんぶ》る舞《ま》いです。やり放題です。公明党は、「子供一人当たり十万円、バラ撒《ま》く」とか言っています。自民党は自民党で、おそらく何十兆円の対策を打つのでしょうけれども、まあ、お金のバラマキ合戦です。

これが民主主義なのかどうかは、ちょっと私には分かりかねるところがあるし、全部がある意味で、もう「共産主義」と言うと格好が悪いから言えなくて、「新《しん》福祉《ふくし》主義」と言うべきものに収斂《しゅうれん》していっているように見えます。「自民党も共産党も、もうほとんど一緒《いっしょ》ではないか。立憲民主党も一緒ではないか」というふうに見えなくはありません。

「中間層を厚くする」とか言っているけれども、「上から税金を取れたら、下からは取らない」ということで、その配分だけで操作しようとしています。これは富の創出とは関係がないことです。

「配分だけでやれる」と思っているのは、経理課の仕事です。あるいは人事部の仕事です。「配分だけをやる」のは人事部の仕事で、人事部はお金を儲《もう》けられません。人事部は会社の収入のなかから、仕事がよくできると思う人にちょっと高めに給料を出して、出来が悪いという人には低めに出して、バランスを取ってみんながやる気を出すようにしようとします。

「平均以上」の人は、トータルでだいたい八割ぐらいにするのです。二割ぐらいの人は「平均以下」の査定をして、給料を下げるのが一般《いっぱん》的なやり方です。

そのように平均以上が八割ぐらいはいないと、みんなやる気がなくなってくるのです。本当は平均以上が五割以内のはずなのです。五割以内でないと平均以上のはずがないのに、八割以上が平均以上なのです。だから、下の本当にできない人だけものすごくえぐって、その部分を持ってきてバラ撒いているのです。だから、新しい総理になった方（岸田文雄《きしだふみお》氏）が「配分の仕方を変えて中間層を厚くする」とか言っているけれども、そんなことは人事部がみんなやっていることです。

八割が「平均以上」と思ったら生きていける――平均以上というのは少なくとも「中流だと思っていられる」ということですが――そういう世界にしようとしているけれども、これ自体は、会社が発展することではないのです。会社の売上が増えたり、利益が増えたりすることではないのです。

だから、「この発想では、『新しい資本主義』はできない。間違《まちが》っている」ということを知るべきだと私は思っていますが、分からない人は失敗しなければ「失敗だ」ということも分からないから、言ってもしかたのないことかとは思います。

余分なことも申し上げましたけれども、考え方で対処できるものも数多くあるし、その考え方で個人を護《まも》る面もあれば、経営トップとして経営理念を出すことによって会社はどちらにも動いていくことがありますので、それは磨《みが》きに磨き続けることが大事だろうと思います。

そうした智慧《ちえ》を最後は求めていただきたいと思います。

天狗《てんぐ》について警戒《けいかい》的なことは言っていますが、光明思想そのものを否定しているわけではありません。シンプルな光明思想は、本当は健在だと思っています。それ一つで風邪《かぜ》をひかないぐらいのことはできます。だから、どうか、このへんの微妙《びみょう》な加減、〝さじ加減〟と〝綾《あや》〟の部分は知っておいてほしいと思います。

根本的・基本的な思想について話をしました。

『自も他も生かす人生』関連書籍

『真説・八正道』（大川隆法 著　幸福の科学出版刊）
『詩集 私のパンセ』（同右）
『青春詩集 愛のあとさき』（同右）
『小説　地球万華鏡』（同右）

※左記は書店では取り扱っておりません。最寄りの精舎・支部・拠点までお問い合わせください。
『詩集 Leftover ─青春のなごり─』（大川隆法 著　宗教法人幸福の科学刊）
『詩集 青春の卵』（同右）
『小説　去れよ、去れよ、悲しみの調べよ』（同右）

自《じ》も他《た》も生《い》かす人生《じんせい》

―― あなたの悩みを解決する「心」と「知性」の磨き方 ――

2024年4月19日　初版第1刷
2024年6月4日　　　　第4刷

著　者　　大《おお》　川《かわ》　隆《りゅう》　法《ほう》

発行所　　幸福の科学出版株式会社

〒107-0052 東京都港区赤坂2丁目10番8号
TEL(03)5573-7700
https://www.irhpress.co.jp/

印刷・製本　株式会社 堀内印刷所

落丁・乱丁本はおとりかえいたします

ISBN978-4-8233-0427-9 C0014

大川隆法ベストセラーズ・幸福な人生を拓くために

幸福の法

人間を幸福にする四つの原理

真っ向から、幸福の科学入門を目指した基本法。愛・知・反省・発展の「幸福の原理」について、初心者にも分かりやすく説かれた一冊。

1,980円

成功の法

真のエリートを目指して

愛なき成功者は、真の意味の成功者ではない。個人と組織の普遍の成功法則を示し、現代人への導きの光となる、勇気と希望の書。

1,980円

常勝思考

人生に敗北などないのだ。

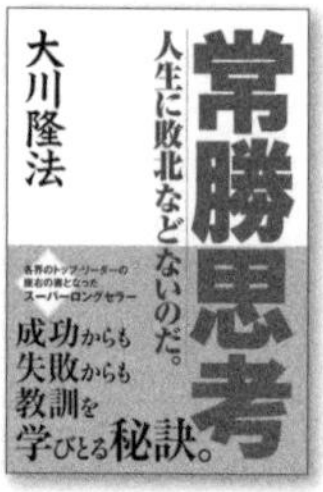

あらゆる困難を成長の糧とする常勝思考の持ち主にとって、人生はまさにチャンスの連続である。人生に勝利するための秘訣がここに。

1,602円

仕事と愛

スーパーエリートの条件

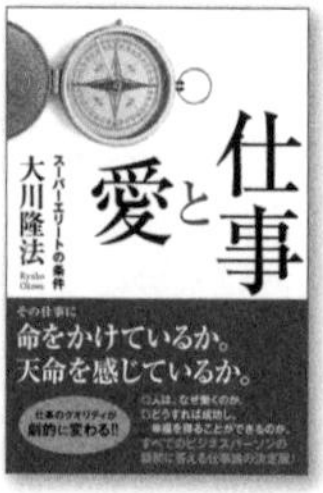

仕事と愛の関係、時間を生かす方法、真のエリートの条件――。仕事の本質と、具体的な方法論が解き明かされたビジネスマン必携の書。

1,980円

※表示価格は税込10%です。

大川隆法ベストセラーズ・人間完成のための指針

私の人生論

「平凡からの出発」の精神

「努力に勝る天才なしの精神」「信用の獲得法」など、著者の実践に裏打ちされた「人生哲学」を語る。人生を長く輝かせ続ける秘密が明かされる。

1,760円

自助論の精神

「努力即幸福」の境地を目指して

運命に力強く立ち向かい、「努力即幸福」の境地へ──。嫉妬心や劣等感の克服、成功するメカニカルな働き方等、実践に基づいた珠玉の人生訓を語る。

1,760円

大川隆法　初期重要講演集
ベストセレクション②

人間完成への道

本書は「悟りへの道」の歴史そのものである──。本物の愛、真実の智慧、反省の意味、人生における成功など、人間完成への道が分かりやすく説かれる。

1,980円

大川隆法　初期重要講演集
ベストセレクション③

情熱からの出発

イエスの天上の父が、久遠の仏陀がここにいる──。聖書や仏典を超える言魂が結晶した、後世への最大遺物と言うべき珠玉の講演集。

1,980円

幸福の科学出版

大川隆法ベストセラーズ・心の修行の指針

真説・八正道

自己変革のすすめ

釈尊が説いた「八正道」の精髄を現代的視点から説き明かす。混迷の時代において、新しい自分に出会い、未来を拓くための指針がここにある。

1,870円

幸福への道標

魅力ある人生のための処方箋

不幸の原因は自分自身の心の問題にある——。自己顕示欲、自虐的精神、スランプなどの苦しみから脱出し、幸福な人生を歩むための道が示される。

1,313円

瞑想の極意

奇跡の神秘体験

これほど克明に、瞑想の本質が語られた本はかつてあっただろうか——。真実の瞑想とは何かが、現代人に分かりやすく説かれた書。

1,100円

漏《ろ》尽《じん》通《つう》力《りき》

現代的霊能力の極致

高度な霊能力を持ちながらも「偉大なる常識人」として現代社会を生き抜く智慧が示される。神秘性と合理性を融合した「人間完成への道」がここに。

1,870円

※表示価格は税込10%です。

大川隆法ベストセラーズ・人生を導く光の言葉

書き下ろし箴言集

人生の真実・幸福をつかむ叡智が100の短い言葉に凝縮された、書き下ろし箴言集。神仏の目から見た奥深い洞察がテーマ別に説き記されたシリーズ。

人生への言葉

仕事への言葉

人格をつくる言葉

コロナ時代の経営心得

病の時に読む言葉

地獄に堕ちないための言葉

妖怪にならないための言葉

【各 1,540 円】

幸福の科学グループのご案内

宗教、教育、政治、出版などの活動を通じて、地球的ユートピアの実現を目指しています。

幸福の科学

一九八六年に立宗。信仰の対象は、地球系霊団の最高大霊、主エル・カンターレ。世界百七十カ国以上の国々に信者を持ち、全人類救済という尊い使命のもと、信者は、「愛」と「悟り」と「ユートピア建設」の教えの実践、伝道に励んでいます。

（二〇二四年五月現在）

愛

幸福の科学の「愛」とは、与える愛です。これは、仏教の慈悲《じひ》や布施《ふせ》の精神と同じことです。信者は、仏法真理をお伝えすることを通して、多くの方に幸福な人生を送っていただくための活動に励んでいます。

悟り

「悟り」とは、自らが仏の子であることを知るということです。教学《きょうがく》や精神統一によって心を磨き、智慧《ちえ》を得て悩みを解決すると共に、天使・菩薩《ぼさつ》の境地を目指し、より多くの人を救える力を身につけていきます。

ユートピア建設

私たち人間は、地上に理想世界を建設するという尊い使命を持って生まれてきています。社会の悪を押しとどめ、善を推し進めるために、信者はさまざまな活動に積極的に参加しています。

幸福の科学の教えをさらに学びたい方へ

心を練る。叡智《えいち》を得る。
美しい空間で生まれ変わる——

幸福の科学の精舎《しょうじゃ》

幸福の科学の精舎《しょうじゃ》は、信仰心《しんこうしん》を深め、悟《さと》りを向上させる聖なる空間です。全国各地の精舎では、人格向上のための研修や、仕事・家庭・健康などの問題を解決するための助力が得られる祈願《きがん》を開催《かいさい》しています。研修や祈願に参加することで、日常で見失いがちな、安らかで幸福な心を取り戻《もど》すことができます。

総本山・正心館

総本山・未来館

総本山・日光精舎

総本山・那須精舎

東京正心館

全国に27精舎を展開。

運命が変わる場所——

幸福の科学の支部《しぶ》

幸福の科学は1986年の立宗《りっしゅう》以来、「私、幸せです」と心から言える人を増やすために、世界各地で活動を続けています。

国内では、全国に400カ所以上の支部が展開し、信仰《しんこう》に出合って人生が好転する方が多く誕生しています。

支部では御法話拝聴会、経典学習会、祈願、お祈り、悩み相談などを行っています。

海外支援・災害支援

幸福の科学のネットワークを駆使し、世界中で被災地復興や教育の支援をしています。

毎年２万人以上の方の自殺を減らすため、全国各地でキャンペーンを展開しています。

公式サイト **withyou-hs.net**

自殺防止相談窓口

受付時間　火～土:10～18時（祝日を含む）

TEL **03-5573-7707** メール **withyou-hs@happy-science.org**

視覚障害や聴覚障害、肢体不自由の方々と点訳・音訳・要約筆記・字幕作成・手話通訳等の各種ボランティアが手を携えて、真理の学習や集い、ボランティア養成等、様々な活動を行っています。

公式サイト **helen-hs.net**

入会のご案内

幸福の科学では、主エル・カンターレ 大川隆法総裁が説く仏法真《ぶっぽうしん》理《り》をもとに、「どうすれば幸福になれるのか、また、他の人を幸福にできるのか」を学び、実践しています。

入会

仏法真理を学んでみたい方へ

主エル・カンターレを信じ、その教えを学ぼうとする方なら、どなたでも入会できます。入会された方には、『入会版「正心法語《しょうしんほうご》」』が授与されます。

入会ご希望の方はネットからも入会申し込みができます。

happy-science.jp/joinus

三帰《さんき》誓願《せいがん》

信仰をさらに深めたい方へ

仏弟子としてさらに信仰を深めたい方は、仏《ぶっ》・法《ぽう》・僧《そう》の三宝《さんぽう》への帰依を誓う「三帰誓願式」を受けることができます。三帰誓願者には、『仏説・正心法語』『祈願文《きがんもん》①』『祈願文②』『エル・カンターレへの祈り』が授与されます。

幸福の科学 サービスセンター
TEL 03-5793-1727（受付時間／火～金:10～20時 土・日祝:10～18時（月曜を除く））

幸福の科学 公式サイト
happy-science.jp

幸福実現党

内憂外患《ないゆうがいかん》の国難に立ち向かうべく、2009年5月に幸福実現党を立党しました。創立者である大川隆法党総裁の精神的指導のもと、宗教だけでは解決できない問題に取り組み、幸福を具体化するための力になっています。

HS政経塾

大川隆法総裁によって創設された、「未来の日本を背負う、政界・財界で活躍するエリート養成のための社会人教育機関」です。既成の学問を超えた仏法真理を学ぶ「人生の大学院」として、理想国家建設に貢献する人材を輩出するために、2010年に開塾しました。これまで、多数の地方議員が全国各地で活躍してきています。

TEL 03-6277-6029
公式サイト hs-seikei.happy-science.jp

ハッピー・サイエンス・ユニバーシティ

Happy Science University

ハッピー・サイエンス・ユニバーシティとは

ハッピー・サイエンス・ユニバーシティ（HSU）は、
大川隆法総裁が設立された「日本発の本格私学」です。
建学の精神として「幸福の探究と新文明の創造」を掲げ、
チャレンジ精神にあふれ、新時代を切り拓く人材の輩出を目指します。

人間幸福学部　経営成功学部　未来産業学部

HSU長生キャンパス TEL **0475-32-7770**
〒299-4325 千葉県長生郡長生村一松丙 4427-1

未来創造学部

HSU未来創造・東京キャンパス
TEL **03-3699-7707**
〒136-0076 東京都江東区南砂2-6-5 公式サイト **happy-science.university**

学校法人 幸福の科学学園

学校法人 幸福の科学学園は、幸福の科学の教育理念のもとにつくられた教育機関です。人間にとって最も大切な宗教教育の導入を通じて精神性を高めながら、ユートピア建設に貢献する人材輩出を目指しています。

幸福の科学学園
中学校・高等学校（那須本校）
2010年4月開校・栃木県那須郡（男女共学・全寮制）
TEL **0287-75-7777** 公式サイト **happy-science.ac.jp**

関西中学校・高等学校（関西校）
2013年4月開校・滋賀県大津市（男女共学・寮及び通学）
TEL **077-573-7774** 公式サイト **kansai.happy-science.ac.jp**

仏法真理塾「サクセスNo.1」

全国に本校・拠点・支部校を展開する、幸福の科学による信仰教育の機関です。小学生・中学生・高校生を対象に、信仰教育・徳育にウエイトを置きつつ、将来、社会人として活躍するための学力養成にも力を注いでいます。

TEL 03-5750-0751（東京本校）

エンゼルプランV

東京本校を中心に、全国に支部教室を展開。信仰をもとに幼児の心を豊かに育む情操教育を行い、子どもの個性を伸ばして天使に育てます。

TEL 03-5750-0757（東京本校）

エンゼル精舎

乳幼児が対象の、託児型の宗教教育施設。エル・カンターレ信仰をもとに、「皆、光の子だと信じられる子」を育みます。

（※参拝施設ではありません）

不登校児支援スクール「ネバー・マインド」

TEL 03-5750-1741

心の面からのアプローチを重視して、不登校の子供たちを支援しています。

ユー・アー・エンゼル！（あなたは天使！）運動

障害児の不安や悩みに取り組み、ご両親を励まし、勇気づける、障害児支援のボランティア運動を展開しています。

一般社団法人 ユー・アー・エンゼル

TEL 03-6426-7797

NPO活動支援

学校からのいじめ追放を目指し、さまざまな社会提言をしています。また、各地でのシンポジウムや学校への啓発ポスター掲示等に取り組む一般財団法人「いじめから子供を守ろうネットワーク」を支援しています。

公式サイト mamoro.org　ブログ blog.mamoro.org

相談窓口 TEL.03-5544-8989

百歳まで生きる会～いくつになっても生涯現役～

「百歳まで生きる会」は、生涯現役人生を掲げ、友達づくり、生きがいづくりを通じ、一人ひとりの幸福と、世界のユートピア化のために、全国各地で友達の輪を広げ、地域や社会に幸福を広げていく活動を続けているシニア層（55歳以上）の集まりです。

【サービスセンター】TEL 03-5793-1727

シニア・プラン21

「百歳まで生きる会」の研修部門として、心を見つめ、新しき人生の再出発、社会貢献を目指し、セミナー等を開催しています。

【サービスセンター】TEL 03-5793-1727

幸福の科学出版

大川隆法総裁の仏法真理の書を中心に、ビジネス、自己啓発、小説など、さまざまなジャンルの書籍・雑誌を出版しています。他にも、映画事業、文学・学術発展のための振興事業、テレビ・ラジオ番組の提供など、幸福の科学文化を広げる事業を行っています。

アー・ユー・ハッピー？
are-you-happy.com

ザ・リバティ
the-liberty.com

幸福の科学出版
TEL **03-5573-7700**
公式サイト **irhpress.co.jp**

THE FACT

YouTubeにて随時好評配信中！

ザ・ファクト

マスコミが報道しない「事実」を世界に伝えるネット・オピニオン番組

公式サイト **thefact.jp**

NEW STAR PRODUCTION

ニュースター・プロダクション

「新時代の美」を創造する芸能プロダクションです。多くの方々に良き感化を与えられるような魅力あふれるタレントを世に送り出すべく、日々、活動しています。 公式サイト **newstarpro.co.jp**

ARI《アリ》 Production《プロダクション》

タレント一人ひとりの個性や魅力を引き出し、「新時代を創造するエンターテインメント」をコンセプトに、世の中に精神的価値のある作品を提供していく芸能プロダクションです。 公式サイト **aripro.co.jp**